사고력 수학 소마가 개발한 연산학습의 새 기준!!

소마의 **마**술같은 원리**셈**

D6
4학년

수학이 즐거워지는 특별한 수학교실
소마에서 개발한 연산교재 소마셈

소마셈

2002년 대치소마 개원 이후로 끊임없는 교재 연구와 교구의 개발은 소마의 자랑이자 자부심입니다. 교구, 게임, 토론 등의 다양한 활동식 수업으로 스스로 문제해결능력을 키우고, 아이들이 수학에 대한 흥미와 자신감을 가질 수 있도록 차별성 있는 수업을 해 온 소마에서 연산 학습의 새로운 패러다임을 제시합니다.

연산 교육의 현실

연산 교육의 가장 큰 폐해는 '초등 고학년 때 연산이 빠르지 않으면 고생한다.'는 기존 연산 학습지의 왜곡된 마케팅으로 인해 단순 반복을 통한 기계적 연산을 강조하는 것입니다. 하지만, 기계적 반복을 위주로 하는 연산은 개념과 원리가 빠진 연산 학습으로써 아이들이 수학을 싫어하게 만들 뿐 아니라 사고의 확장을 막는 학습방법입니다.

초등수학 교과과정과 연산

초등교육과정에서는 문자와 기호를 사용하지 않고 말로 풀어서 연산의 개념과 원리를 설명하다가 중등교육과정부터 문자와 기호를 사용합니다. 교과서를 살펴보면 모든 연산의 도입에 원리가 잘 설명되어 있습니다. 요즘 현실에서는 연산의 원리를 묻는 서술형 문제도 많이 출제되고 있는데 연산은 연습이 우선이라는 인식이 아직도 지배적입니다.

연산 학습은 어떻게?

연산 교육은 별도로 떼어내어 추상적인 숫자나 기호만 가지고 다뤄서는 절대로 안됩니다. 구체물을 가지고 생각하고 이해한 후, 연산 연습을 하는 것이 필요합니다. 또한, 속도보다 정확성을 위주로 학습하여 실수를 극복할 수 있는 좋은 습관을 갖추는 데에 초점을 맞춰야 합니다.

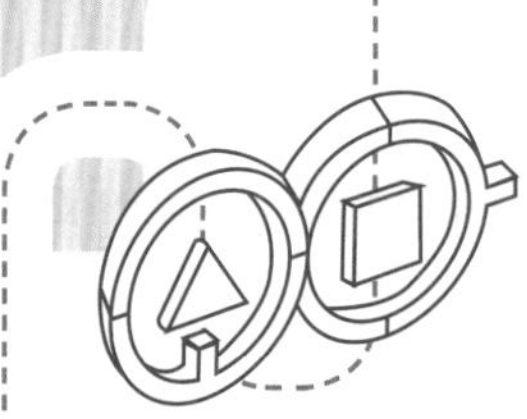

소마셈 연산학습 방법

10이 넘는 한 자리 덧셈 구체물을 통한 개념의 이해

덧셈과 뺄셈의 기본은 수를 세는 데에 있습니다. 8+4는 8에서 1씩 4번을 더 센 것이라는 개념이 중요합니다. 10의 보수를 이용한 받아 올림을 생각하면 8+4는 (8+2)+2지만 연산 공부를 시작할 때에는 덧셈의 기본 개념에 충실한 것이 좋습니다. 이 책은 구체물을 통해 개념을 이해할 수 있도록 구체적인 예를 든 연산 문제로 구성하였습니다.

가로셈 가로셈을 통한 수에 대한 사고력 기르기

세로셈이 잘못된 방법은 아니지만 연산의 원리는 잊고 받아 올림한 숫자는 어디에 적어야 하는지만을 기억하여 마치 공식처럼 풀게 합니다. 기계적으로 반복하는 연습은 생각없이 연산을 하게 만듭니다. 가로셈을 통해 원리를 생각하고 수를 쪼개고 붙이는 등의 과정에서 키워질 수 있는 수에 대한 사고력도 매우 중요합니다.

곱셈구구 곱셈도 개념 이해를 바탕으로

곱셈구구는 암기에만 초점을 맞추면 부작용이 큽니다. 곱셈은 덧셈을 압축한 것이라는 원리를 이해하며 구구단을 외움으로써 연산을 빨리 할 수 있다는 것을 알게 해야 합니다. 곱셈구구를 외우는 것도 중요하지만 곱셈의 의미를 정확하게 아는 것이 더 중요합니다. 4×3을 할 줄 아는 학생이 두 자리 곱하기 한 자리는 안 배워서 45×3을 못 한다고 말하는 일은 없도록 해야 합니다.

K단계 (5, 6, 7세) • 연산을 시작하는 단계

뛰어세기, 거꾸로 뛰어세기를 통해 수의 연속한 성질(linearity)을 이해하고 덧셈, 뺄셈을 공부합니다. 각 권의 호흡은 짧지만 일관성 있는 접근으로 자연스럽게 나선형식 반복학습의 효과가 있도록 하였습니다.

학습대상 : 연산을 시작하는 아이와 한 자리 수 덧셈을 구체물(손가락 등)을 이용하여 해결하는 아이

학습목표 : 수와 연산의 튼튼한 기초 만들기

P단계 (7세, 1학년) • 받아올림이 있는 덧셈, 뺄셈을 배울 준비를 하는 단계

5, 6, 9 뛰어세기를 공부하면서 10을 이용한 더하기, 빼기의 편리함을 알도록 한 후, 가르기와 모으기의 집중학습으로 보수 익히기, 10의 보수를 이용한 덧셈, 뺄셈의 원리를 공부합니다.

학습대상 : 받아올림이 없는 한 자리 수의 덧셈을 할 줄 아는 학생

학습목표 : 받아올림이 있는 연산의 토대 만들기

A단계 (1학년) • 초등학교 1학년 교과과정 연산

받아올림이 있는 한 자리 수의 덧셈, 뺄셈은 연산 전체에 매우 중요한 단계입니다. 원리를 정확하게 알고 A1에서 A4까지 총 4권에서 한 자리 수의 연산을 다양한 과정으로 연습하도록 하였습니다.

학습대상 : 초등학교 1학년 수학교과과정을 공부하는 학생

학습목표 : 10의 보수를 이용한 받아올림이 있는 덧셈, 뺄셈

B단계 (2학년) • 초등학교 2학년 교과과정 연산

두 자리, 세 자리 수의 연산을 다룬 후 곱셈, 나눗셈을 다루는 과정에서 곱셈구구의 암기를 확인하기보다는 곱셈구구를 외우는데 도움이 되고, 곱셈, 나눗셈의 원리를 확장하여 사고할 수 있도록 하는데 초점을 맞추었습니다.

학습대상 : 초등학교 2학년 수학교과과정을 공부하는 학생

학습목표 : 덧셈, 뺄셈의 완성 / 곱셈, 나눗셈의 원리를 정확하게 알고 개념 확장

C단계 (3학년) • 초등학교 3, 4학년 교과과정 연산

B단계까지의 소마셈은 다양한 문제를 통해서 학생들이 즐겁게 연산을 공부하고 원리를 정확하게 알게 하는데 초점을 맞추었다면, C단계는 3학년 과정의 큰 수의 연산과 4학년 과정의 혼합 계산, 괄호를 사용한 식 등, 필수 연산의 연습을 충실히 할 수 있도록 하였습니다.

학습대상 : 초등학교 3, 4학년 수학교과과정을 공부하는 학생

학습목표 : 큰 수의 곱셈과 나눗셈, 혼합 계산

D단계 (4학년) • 초등학교 4, 5학년 교과과정 연산

분모가 같은 분수의 덧셈과 뺄셈, 소수의 덧셈과 뺄셈을 공부하여 초등 4학년 과정 연산을 마무리하고 초등 5학년 연산과정에서 가장 중요한 약수와 배수, 분모가 다른 분수의 덧셈과 뺄셈을 충분히 익힐 수 있도록 하였습니다.

학습대상 : 초등학교 4, 5학년 수학교과과정을 공부하는 학생

학습목표 : 분모가 같은 분수의 덧셈과 뺄셈, 소수의 덧셈과 뺄셈, 분모가 다른 분수의 덧셈과 뺄셈

소마셈 단계별 학습내용

K단계 추천연령 : 5, 6, 7세

단계	K1	K2	K3	K4
권별 주제	10까지의 더하기와 빼기 1	20까지의 더하기와 빼기 1	10까지의 더하기와 빼기 2	20까지의 더하기와 빼기 2
단계	K5	K6	K7	K8
권별 주제	10까지의 더하기와 빼기 3	20까지의 더하기와 빼기 3	20까지의 더하기와 빼기 4	7까지의 가르기와 모으기

P단계 추천연령 : 7세, 1학년

단계	P1	P2	P3	P4
권별 주제	30까지의 더하기와 빼기 5	30까지의 더하기와 빼기 6	30까지의 더하기와 빼기 10	30까지의 더하기와 빼기 9
단계	P5	P6	P7	P8
권별 주제	9까지의 가르기와 모으기	10 가르기와 모으기	10을 이용한 더하기	10을 이용한 빼기

A단계 추천연령 : 1학년

단계	A1	A2	A3	A4
권별 주제	덧셈구구	뺄셈구구	세 수의 덧셈과 뺄셈	□가 있는 덧셈과 뺄셈
단계	A5	A6	A7	A8
권별 주제	(두 자리 수)+(한 자리 수)	(두 자리 수)−(한 자리 수)	두 자리 수의 덧셈과 뺄셈	□가 있는 두 자리 수의 덧셈과 뺄셈

B단계 추천연령 : 2학년

단계	B1	B2	B3	B4
권별 주제	(두 자리 수)+(두 자리 수)	(두 자리 수)−(두 자리 수)	세 자리 수의 덧셈과 뺄셈	덧셈과 뺄셈의 활용
단계	B5	B6	B7	B8
권별 주제	곱셈	곱셈구구	나눗셈	곱셈과 나눗셈의 활용

C단계 추천연령 : 3학년

단계	C1	C2	C3	C4
권별 주제	두 자리 수의 곱셈	두 자리 수의 곱셈과 활용	두 자리 수의 나눗셈	세 자리 수의 나눗셈과 활용
단계	C5	C6	C7	C8
권별 주제	큰 수의 곱셈	큰 수의 나눗셈	혼합 계산	혼합 계산의 활용

D단계 추천연령 : 4학년

단계	D1	D2	D3	D4
권별 주제	분모가 같은 분수의 덧셈과 뺄셈(1)	분모가 같은 분수의 덧셈과 뺄셈(2)	소수의 덧셈과 뺄셈	약수와 배수
단계	D5	D6		
권별 주제	분모가 다른 분수의 덧셈과 뺄셈(1)	분모가 다른 분수의 덧셈과 뺄셈(2)		

1

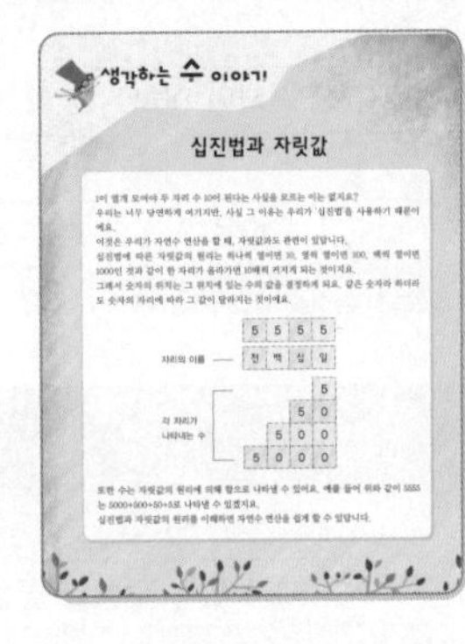

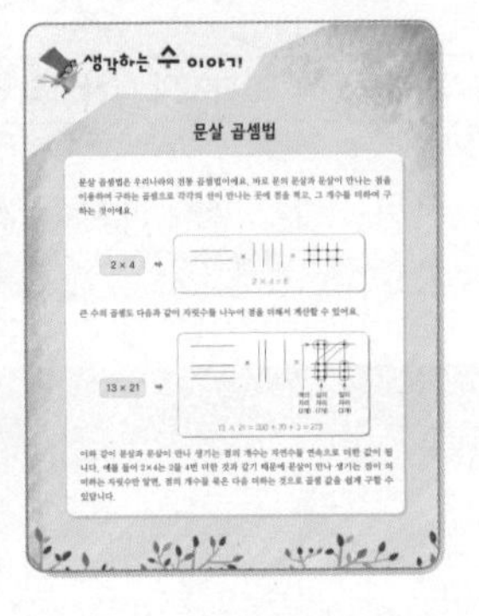

수 이야기

생활 속의 수 이야기를 통해 수와 연산의 이해를 돕습니다. 수의 역사나 재미있는 연산 문제를 접하면서 수학이 재미있는 공부가 되도록 합니다.

2

원리

가장 기본적인 연산의 원리를 소개합니다. 이때 다양한 방법을 제시하되 가장 효과적인 방법을 적용할 수 있도록 단계적으로 접근하여 충분한 원리의 이해를 돕습니다.

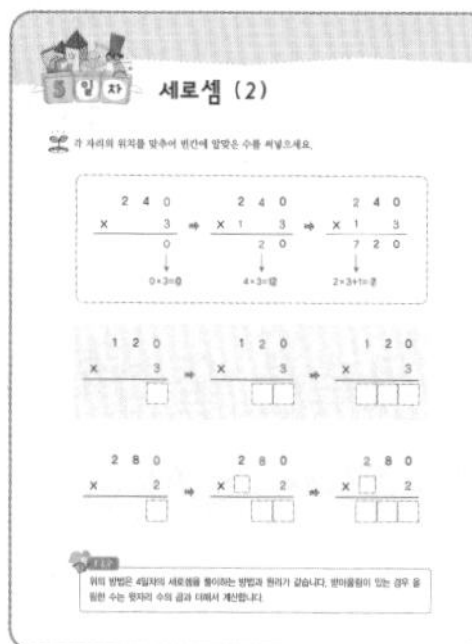

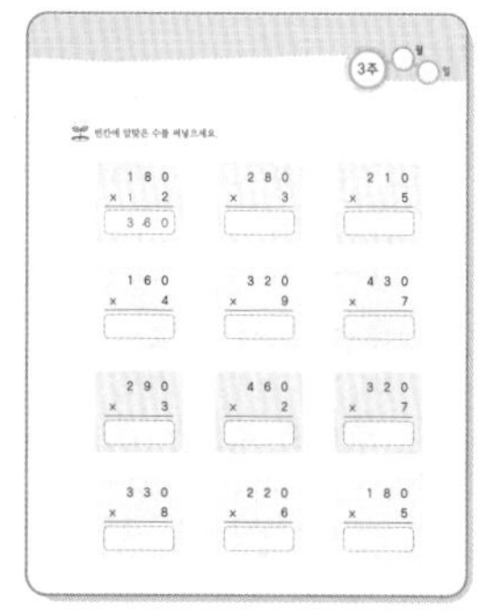

연습

원리의 이해를 바탕으로 연산이 익숙해지도록 연습합니다. 먼저 반복적인 연산 연습 후에 나아가 배운 원리를 활용하여 확장된 문제를 해결합니다.

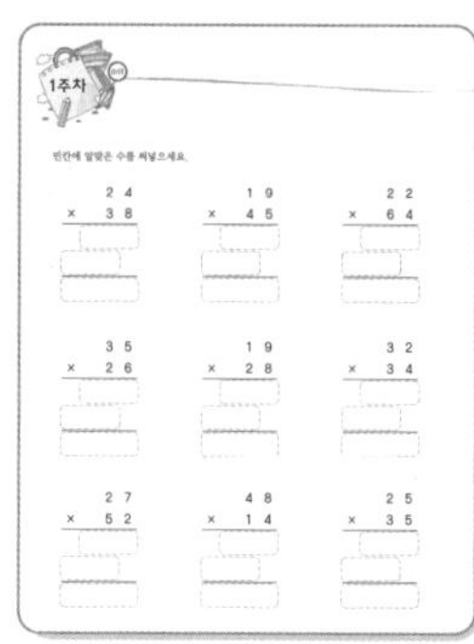

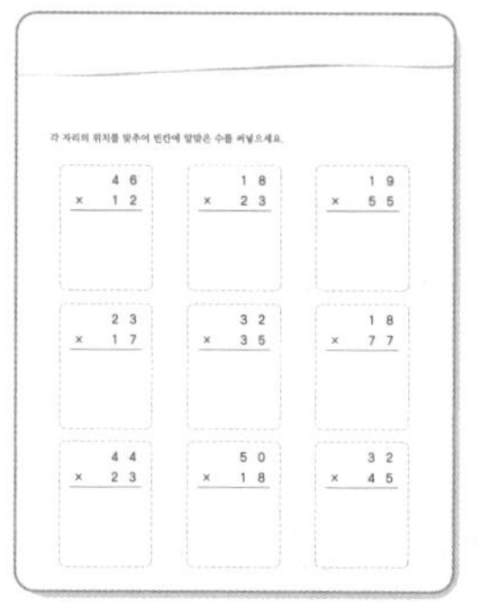

Drill (보충학습)

주차별 주제에 대한 연습이 더 필요한 경우 보충학습을 활용합니다.

연산과정의 확인이 필수적인 주제는 Drill의 양을 2배로 담았습니다.

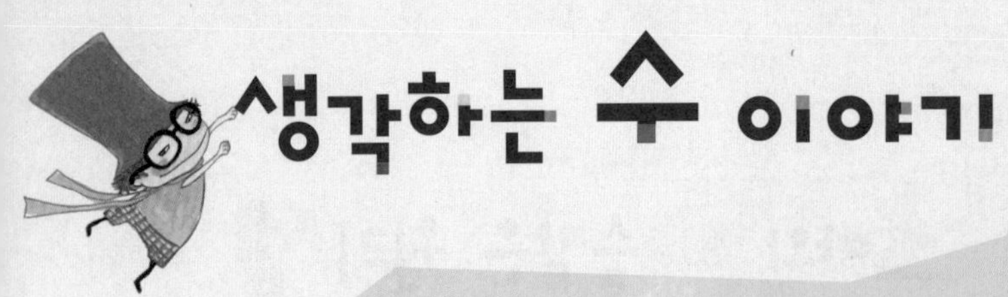

호루스의 눈

오른쪽 그림은 고대 이집트의 벽화나 장신구 등에 자주 등장하는 '호루스의 눈'이에요. 호루스의 눈은 이집트의 단위분수를 의미하기도 하는데 왜 일까요?
이집트의 신 중에는 인간의 눈과 매의 눈을 가진 호루스란 신이 있었는데, 이 신의 오른쪽 눈은 태양, 왼쪽 눈은 달을 상징했다고 해요. 호루스의 아버지 오시리스가 자신의 동생인 악의 신 세트에게 죽임을 당하자 호루스는 세트와 80년 동안 격렬한 싸움을 벌이고 세트를 물리치지만, 그 과정에서 왼쪽 눈을 잃게 되었어요. 세트는 호루스의 왼쪽 눈을 뽑아 여섯 조각 낸 후, 이집트 전 지역에 뿌렸답니다. 그러자 이집트의 다른 신들이 싸움에 개입해 호루스를 이집트의 왕인 파라오의 보호신으로 만들고, 지혜의 신 토트를 시켜 호루스의 왼쪽 눈의 조각들을 모두 찾아 원래 모습을 되찾아 주었어요. 이 신화를 근거로 하여 이집트인들은 눈 전체를 1이라 생각하고 다음과 같이 6개의 분수를 적어 넣었답니다.

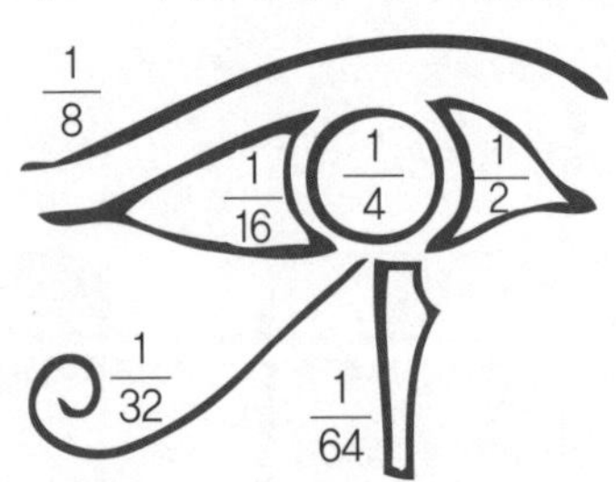

$\frac{1}{2}$은 후각, $\frac{1}{4}$은 시각, $\frac{1}{8}$은 생각, $\frac{1}{16}$은 청각, $\frac{1}{32}$은 미각, $\frac{1}{64}$은 촉각을 상징하는데, 이 분수들을 모두 더하면 $\frac{1}{64}$이 모자란 $\frac{63}{64}$이 돼요.

$$\frac{1}{2}+\frac{1}{4}+\frac{1}{8}+\frac{1}{16}+\frac{1}{32}+\frac{1}{64}=\frac{63}{64}$$

그래서 지혜의 신인 토트가 마법으로 부족한 $\frac{1}{64}$을 더해 완전한 1을 만들어 준다고 여겼어요. 그 후 호루스는 이집트 최고의 태양신이자 하늘의 신으로 불리웠다고 해요.

소마셈 D6 – 1주차

대분수와 진분수의 덧셈과 뺄셈

(대분수) + (진분수) (1)

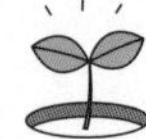

다음과 같이 덧셈을 하세요.

$$1\frac{1}{2} + \frac{1}{4} = 1\frac{3}{4}$$

$$1\frac{1}{2} + \frac{1}{4} = 1\frac{2}{4} + \frac{1}{4} = 1\frac{3}{4}$$

$$2\frac{1}{3} + \frac{2}{5} = \square\frac{\square}{\square} + \frac{\square}{\square} = \square\frac{\square}{\square}$$

$$1\frac{2}{3} + \frac{1}{6} = \square\frac{\square}{\square} + \frac{\square}{\square} = \square\frac{\square}{\square}$$

TIP

분모가 다른 대분수와 진분수의 덧셈은 대분수의 분수 부분을 통분한 후 자연수는 자연수끼리, 분수는 분수끼리 더합니다. 이때 진분수의 자연수는 0이라는 것을 잊지 말도록 합니다.

 분수의 덧셈을 하세요.

$1\frac{1}{3}+\frac{1}{6}=$ $1\frac{1}{2}$

$2\frac{2}{3}+\frac{1}{7}=$

$1\frac{3}{5}+\frac{1}{10}=$

$3\frac{1}{4}+\frac{1}{6}=$

$2\frac{1}{3}+\frac{3}{5}=$

$2\frac{5}{14}+\frac{3}{8}=$

$3\frac{1}{5}+\frac{9}{25}=$

$\frac{2}{9}+3\frac{1}{3}=$

$\frac{1}{7}+2\frac{3}{4}=$

$\frac{1}{2}+1\frac{2}{7}=$

$\frac{3}{8}+2\frac{3}{10}=$

$\frac{5}{12}+4\frac{1}{6}=$

$\frac{5}{6}+1\frac{1}{18}=$

$\frac{7}{10}+5\frac{1}{6}=$

분수의 덧셈을 하세요.

$1\frac{1}{2}+\frac{3}{8}=$ $1\frac{7}{8}$

$2\frac{1}{6}+\frac{2}{9}=$

$5\frac{3}{4}+\frac{1}{5}=$

$3\frac{3}{4}+\frac{1}{12}=$

$4\frac{3}{8}+\frac{5}{12}=$

$6\frac{7}{9}+\frac{2}{27}=$

$1\frac{5}{6}+\frac{2}{21}=$

$\frac{3}{9}+1\frac{1}{3}=$

$\frac{1}{4}+1\frac{5}{8}=$

$\frac{3}{7}+3\frac{1}{3}=$

$\frac{1}{7}+1\frac{8}{21}=$

$\frac{7}{10}+5\frac{2}{15}=$

$\frac{7}{40}+3\frac{5}{8}=$

$\frac{6}{11}+7\frac{1}{3}=$

(대분수) + (진분수) (2)

 다음과 같이 덧셈을 하세요.

$$1\frac{1}{2} + \frac{3}{4} = 2\frac{1}{4}$$

$$1\frac{1}{2} + \frac{3}{4} = 1\frac{2}{4} + \frac{3}{4} = 1\frac{5}{4} = 2\frac{1}{4}$$

$$1\frac{2}{3} + \frac{7}{9} = \square\frac{\square}{\square} + \frac{\square}{\square} = \square\frac{\square}{\square} = \square\frac{\square}{\square}$$

$$3\frac{1}{2} + \frac{4}{5} = \square\frac{\square}{\square} + \frac{\square}{\square} = \square\frac{\square}{\square} = \square\frac{\square}{\square}$$

먼저 대분수의 분수 부분을 통분한 후 자연수는 자연수끼리, 분수는 분수끼리 더합니다. 계산 결과가 가분수이면, 대분수로 바꾸어 나타냅니다.

분수의 덧셈을 하세요.

$2\frac{2}{3}+\frac{4}{5}=$ $3\frac{7}{15}$

$2\frac{3}{4}+\frac{4}{5}=$

$2\frac{1}{2}+\frac{7}{8}=$

$3\frac{5}{6}+\frac{8}{9}=$

$1\frac{5}{7}+\frac{2}{3}=$

$2\frac{3}{4}+\frac{7}{12}=$

$4\frac{7}{12}+\frac{7}{15}=$

$\frac{5}{6}+1\frac{5}{8}=$

$\frac{3}{4}+1\frac{9}{10}=$

$\frac{3}{4}+3\frac{5}{6}=$

$\frac{4}{5}+1\frac{8}{15}=$

$\frac{3}{4}+3\frac{4}{9}=$

$\frac{8}{9}+2\frac{3}{4}=$

$\frac{2}{3}+5\frac{9}{10}=$

분수의 덧셈을 하세요.

$2\frac{4}{5}+\frac{1}{2}=$ ☐

$1\frac{4}{5}+\frac{5}{6}=$ ☐

$4\frac{5}{6}+\frac{1}{4}=$ ☐

$2\frac{9}{14}+\frac{4}{7}=$ ☐

$1\frac{9}{10}+\frac{6}{25}=$ ☐

$2\frac{4}{5}+\frac{4}{15}=$ ☐

$1\frac{7}{8}+\frac{7}{12}=$ ☐

$\frac{8}{9}+3\frac{1}{3}=$ ☐

$\frac{1}{3}+3\frac{4}{5}=$ ☐

$\frac{3}{4}+5\frac{9}{10}=$ ☐

$\frac{9}{10}+4\frac{4}{15}=$ ☐

$\frac{5}{7}+2\frac{8}{21}=$ ☐

$\frac{9}{14}+1\frac{7}{10}=$ ☐

$\frac{11}{20}+2\frac{7}{12}=$ ☐

(대분수) − (진분수) (1)

 다음과 같이 뺄셈을 하세요.

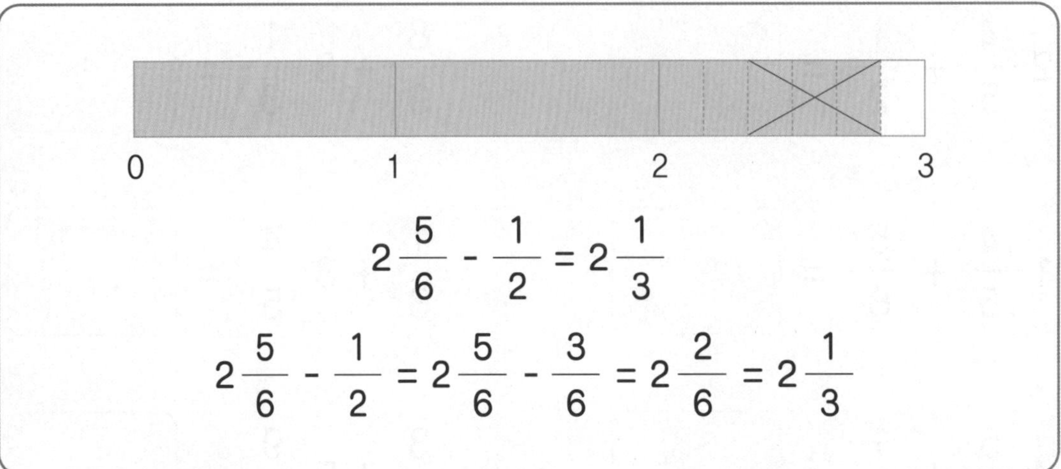

$$2\frac{5}{6} - \frac{1}{2} = 2\frac{1}{3}$$

$$2\frac{5}{6} - \frac{1}{2} = 2\frac{5}{6} - \frac{3}{6} = 2\frac{2}{6} = 2\frac{1}{3}$$

$$2\frac{3}{4} - \frac{2}{7} = \square\frac{\square}{\square} - \frac{\square}{\square} = \square\frac{\square}{\square}$$

$$4\frac{4}{5} - \frac{2}{15} = \square\frac{\square}{\square} - \frac{\square}{\square} = \square\frac{\square}{\square} = \square\frac{\square}{\square}$$

TIP

분모가 다른 대분수와 진분수의 뺄셈은 대분수의 분수 부분을 통분한 후 자연수는 자연수끼리, 분수는 분수끼리 뺀 후 두 수를 더합니다. 이때 진분수의 자연수는 0이라는 것을 잊지 말도록 합니다.

분수의 뺄셈을 하세요.

$3\frac{1}{2} - \frac{1}{4} = 3\frac{1}{4}$

$2\frac{3}{4} - \frac{1}{3} =$

$4\frac{5}{6} - \frac{3}{4} =$

$1\frac{7}{9} - \frac{2}{3} =$

$3\frac{5}{6} - \frac{2}{9} =$

$2\frac{9}{14} - \frac{4}{7} =$

$5\frac{7}{26} - \frac{1}{13} =$

$1\frac{4}{5} - \frac{1}{3} =$

$3\frac{6}{7} - \frac{1}{2} =$

$2\frac{7}{8} - \frac{3}{5} =$

$5\frac{7}{12} - \frac{1}{6} =$

$4\frac{9}{10} - \frac{2}{3} =$

$3\frac{7}{15} - \frac{1}{12} =$

$1\frac{9}{20} - \frac{3}{16} =$

 분수의 뺄셈을 하세요.

$4\frac{3}{5} - \frac{1}{4} = 4\frac{7}{20}$

$3\frac{5}{6} - \frac{3}{5} =$

$2\frac{1}{2} - \frac{3}{8} =$

$4\frac{7}{10} - \frac{1}{6} =$

$7\frac{5}{7} - \frac{1}{3} =$

$1\frac{9}{20} - \frac{1}{4} =$

$2\frac{9}{30} - \frac{3}{20} =$

$3\frac{5}{8} - \frac{1}{6} =$

$5\frac{5}{7} - \frac{4}{21} =$

$3\frac{8}{15} - \frac{1}{6} =$

$5\frac{5}{12} - \frac{1}{9} =$

$2\frac{7}{12} - \frac{5}{16} =$

$4\frac{9}{10} - \frac{9}{20} =$

$1\frac{7}{15} - \frac{1}{12} =$

(대분수) − (진분수) (2)

다음과 같이 뺄셈을 하세요.

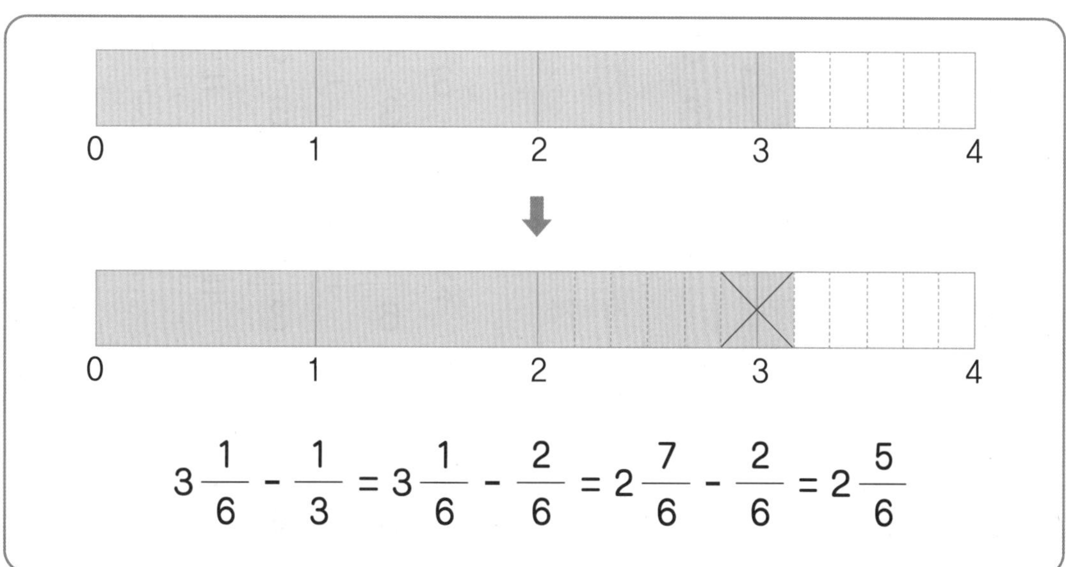

$$3\frac{1}{6} - \frac{1}{3} = 3\frac{1}{6} - \frac{2}{6} = 2\frac{7}{6} - \frac{2}{6} = 2\frac{5}{6}$$

$$2\frac{1}{2} - \frac{3}{4} = \square\frac{\square}{\square} - \frac{\square}{\square} = \square\frac{\square}{\square} - \frac{\square}{\square} = \square\frac{\square}{\square}$$

$$4\frac{1}{5} - \frac{1}{2} = \square\frac{\square}{\square} - \frac{\square}{\square} = \square\frac{\square}{\square} - \frac{\square}{\square} = \square\frac{\square}{\square}$$

위와 같이 대분수의 분수 부분을 통분한 후에도 분수 부분끼리 뺄 수 없는 경우가 있습니다. 이때는 대분수의 자연수 부분에서 1을 받아내림하여 가분수로 바꾼 후에 빼야 합니다.

 분수의 뺄셈을 하세요.

$2\frac{1}{3} - \frac{1}{2} = 1\frac{5}{6}$

$3\frac{1}{3} - \frac{3}{5} = \square$

$4\frac{1}{5} - \frac{3}{4} = \square$

$2\frac{1}{6} - \frac{2}{3} = \square$

$5\frac{1}{6} - \frac{7}{8} = \square$

$2\frac{2}{3} - \frac{3}{4} = \square$

$3\frac{2}{5} - \frac{2}{3} = \square$

$4\frac{1}{6} - \frac{7}{9} = \square$

$3\frac{5}{12} - \frac{5}{9} = \square$

$4\frac{2}{7} - \frac{8}{21} = \square$

$4\frac{3}{10} - \frac{7}{20} = \square$

$5\frac{1}{6} - \frac{5}{18} = \square$

$3\frac{2}{5} - \frac{9}{20} = \square$

$6\frac{3}{8} - \frac{7}{12} = \square$

분수의 뺄셈을 하세요.

$2\frac{1}{3} - \frac{3}{4} =$ ☐

$3\frac{1}{5} - \frac{3}{10} =$ ☐

$3\frac{3}{8} - \frac{6}{7} =$ ☐

$6\frac{1}{5} - \frac{5}{6} =$ ☐

$4\frac{1}{2} - \frac{5}{8} =$ ☐

$5\frac{3}{8} - \frac{9}{16} =$ ☐

$2\frac{1}{12} - \frac{5}{8} =$ ☐

$4\frac{1}{5} - \frac{1}{4} =$ ☐

$5\frac{5}{6} - \frac{7}{8} =$ ☐

$7\frac{1}{12} - \frac{5}{9} =$ ☐

$4\frac{2}{9} - \frac{5}{6} =$ ☐

$3\frac{1}{7} - \frac{1}{5} =$ ☐

$5\frac{2}{7} - \frac{8}{21} =$ ☐

$8\frac{1}{10} - \frac{3}{4} =$ ☐

문장제

 다음을 읽고 알맞은 식을 쓰고, 답을 구하세요.

노란색 페인트가 $2\frac{5}{8}$L 들어 있습니다. 여기에 파란색 페인트 $\frac{5}{6}$L를 더 부어 섞었다면 페인트의 양은 모두 몇 L일까요?

식 : $2\frac{5}{8}+\frac{5}{6}=3\frac{11}{24}$

 L

지호는 $\frac{5}{7}$시간 책을 읽었고, $2\frac{1}{3}$시간 피아노를 쳤습니다. 지호가 책을 읽고, 피아노를 친 시간은 모두 몇 시간일까요?

식 :

 시간

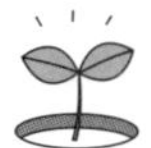 다음을 읽고 알맞은 식을 쓰고, 답을 구하세요.

주머니에 빨간색 구슬 $\frac{3}{4}$ kg과 파란색 구슬 $4\frac{2}{5}$kg이 들어 있습니다. 파란색 구슬은 빨간색 구슬보다 얼마만큼 더 많을까요?

식 : $4\frac{2}{5}-\frac{3}{4}=3\frac{13}{20}$

 kg

어떤 수조에 물을 넣으면 $6\frac{7}{9}$L가 들어가고, 어떤 물통에 물을 넣으면 $\frac{5}{6}$L가 들어갑니다. 수조에는 물통보다 물이 얼마만큼 더 들어갈까요?

식 :

 L

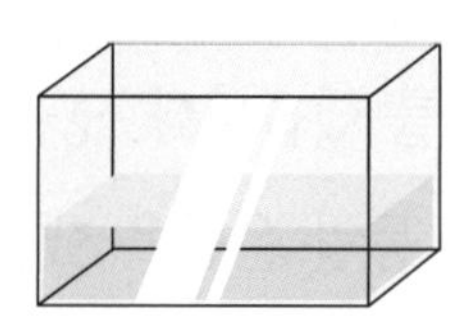

 다음을 읽고 알맞은 식을 쓰고, 답을 구하세요.

길이가 각각 $\frac{7}{12}$m와 $1\frac{3}{8}$m인 리본끈이 있습니다. 두 리본끈의 길이의 합은 몇 m일까요?

식 :

 m

은영이가 포장지로 부모님께 드릴 선물을 포장하려고 합니다. $3\frac{1}{3}$장은 엄마의 선물을, $\frac{4}{9}$장은 아빠의 선물을 포장하는데 사용하였다면 은영이가 선물 포장에 사용한 포장지는 모두 몇 장일까요?

식 :

 장

영미는 $2\frac{1}{2}$시간 동안 공부를 했습니다. 공부를 한 시간이 운동을 한 시간보다 $\frac{7}{10}$시간 더 많았다면 영미는 몇 시간 동안 운동을 했을까요?

식 :

 시간

 다음을 읽고 알맞은 식을 쓰고, 답을 구하세요.

민정이와 희영이가 꽃밭에 물을 주려고 합니다. 민정이는 $2\frac{3}{7}$L만큼, 희영이는 $\frac{3}{5}$L 만큼 물을 주었다면 두 사람이 꽃밭에 뿌린 물은 모두 몇 L일까요?

식 :

L

윤아는 초콜렛 $4\frac{5}{14}$개를 가지고 있습니다. 윤아가 $\frac{3}{7}$ 개를 먹고, 남은 것은 모두 오빠에게 주려고 합니다. 오빠가 먹을 수 있는 초콜렛은 몇 개일까요?

식 :

개

형과 동생이 감을 땄습니다. 형이 딴 감은 동생이 딴 감보다 $\frac{7}{8}$ kg 더 무겁습니다. 형이 딴 감이 $5\frac{1}{6}$ kg이라면 동생이 딴 감은 몇 kg일까요?

식 :

kg

Note

소마셈 D6 – 2주차

세 분수의 덧셈과 뺄셈 (1)

세 수의 최소공배수 (1)

다음과 같이 세 수 중 두 수 이상의 공약수로 나눈 후 그 공약수들과 나머지 수들을 모두 곱하여 최소공배수를 구하세요. 이때 공약수가 없는 수는 그대로 내려 씁니다.

(6, 5, 10) ➡ 2) 6 5 10 ➡ 최소공배수 2×5×3×1×1=30

5) 3 5 5

3 1 1

(2, 8, 12) ➡) 2 8 12 ➡ 최소공배수 ______

(4, 2, 9) ➡) 4 2 9 ➡ 최소공배수 ______

(2, 12, 15) ➡) 2 12 15 ➡ 최소공배수 ______

TIP

두 수의 최소공배수를 구할 때와 같은 방법을 사용하되, 세 수의 공약수로 나누는 과정에서 세 수가 모두 나누어지지 않아도 나머지 2개가 나누어지면 계속해서 나누고, 나누어지지 않는 수는 그대로 아래로 내려 씁니다.
위와 같은 방법으로 세 수의 최소공배수를 구하는 것은 초등 과정은 아니지만 알아 두면 세 분수의 덧셈과 뺄셈을 할 때 편리합니다.

세 수의 최소공배수를 구하세요.

(6, 7, 9) ➡ ③) 6 7 9
　　　　　　(2 7 3)

➡ 최소공배수 $3 \times 2 \times 7 \times 3 = 126$

(2, 6, 10) ➡) ➡ 최소공배수 ______

(2, 8, 20) ➡) ➡ 최소공배수 ______

(5, 4, 15) ➡) ➡ 최소공배수 ______

(3, 12, 14) ➡) ➡ 최소공배수 ______

(3, 7, 21) ➡) ➡ 최소공배수 ______

세 수의 최소공배수를 구하세요.

(2, 4, 6) ➡) ______ ➡ 최소공배수 ______

(3, 5, 10) ➡) ______ ➡ 최소공배수 ______

(4, 10, 12) ➡) ______ ➡ 최소공배수 ______

(4, 7, 16) ➡) ______ ➡ 최소공배수 ______

(12, 14, 16) ➡) ______ ➡ 최소공배수 ______

(8, 12, 20) ➡) ______ ➡ 최소공배수 ______

2 일차

세 수의 최소공배수 (2)

 세 수의 최소공배수를 구하세요.

(8, 2, 3) ➡ ②) 8 2 3 / (4 1 3) ➡ 최소공배수 2×4×1×3=24

(3, 4, 6) ➡) ______ ➡ 최소공배수 ______

(5, 6, 15) ➡) ______ ➡ 최소공배수 ______

(4, 3, 12) ➡) ______ ➡ 최소공배수 ______

(4, 7, 14) ➡) ______ ➡ 최소공배수 ______

(3, 12, 15) ➡) ______ ➡ 최소공배수 ______

세 수의 최소공배수를 구하세요.

(6, 9, 15) ➡) ➡ 최소공배수 ______

(8, 9, 12) ➡) ➡ 최소공배수 ______

(3, 10, 15) ➡) ➡ 최소공배수 ______

(5, 8, 16) ➡) ➡ 최소공배수 ______

(7, 14, 21) ➡) ➡ 최소공배수 ______

(8, 16, 18) ➡) ➡ 최소공배수 ______

세 분수의 덧셈 (1)

다음과 같이 앞에서부터 두 분수씩 차례로 계산하여 덧셈을 하세요.

$$\frac{3}{5}+\frac{2}{3}+\frac{1}{2}=\left(\frac{9}{15}+\frac{10}{15}\right)+\frac{1}{2}=\frac{19}{15}+\frac{1}{2}$$

$$=\frac{38}{30}+\frac{15}{30}=\frac{53}{30}=1\frac{23}{30}$$

$$\frac{1}{2}+\frac{3}{4}+1\frac{2}{5}=\left(\frac{\square}{4}+\frac{\square}{4}\right)+1\frac{2}{5}=\frac{\square}{4}+1\frac{2}{5}$$

$$=\frac{\square}{20}+1\frac{\square}{20}=\square\frac{\square}{20}=\square\frac{\square}{20}$$

$$1\frac{1}{3}+2\frac{1}{4}+2\frac{1}{5}=\left(\square\frac{\square}{12}+\square\frac{\square}{12}\right)+2\frac{1}{5}$$

$$=\square\frac{\square}{12}+2\frac{1}{5}$$

$$=\square\frac{\square}{60}+\square\frac{\square}{60}=\square\frac{\square}{60}$$

TIP

자연수의 혼합 계산과 같이 분수의 혼합 계산도 앞에서부터 두 분수씩 차례로 계산합니다.
세 분수의 덧셈에서는 더하는 순서를 바꾸어도 계산 결과는 같습니다.

 분수의 덧셈을 하세요.

$\frac{1}{2}+\frac{1}{4}+\frac{2}{3}=1\frac{5}{12}$

$\frac{1}{4}+\frac{3}{5}+\frac{7}{10}=$ ☐

$\frac{1}{3}+\frac{4}{9}+1\frac{3}{8}=$ ☐

$2\frac{1}{2}+\frac{3}{8}+\frac{6}{7}=$ ☐

$1\frac{1}{2}+2\frac{2}{3}+3\frac{5}{8}=$ ☐

$2\frac{5}{6}+2\frac{1}{2}+\frac{1}{9}=$ ☐

$3\frac{2}{3}+1\frac{3}{4}+1\frac{4}{5}=$ ☐

분수의 덧셈을 하세요.

$\frac{1}{3}+\frac{5}{6}+\frac{2}{7}=$ □

$\frac{2}{3}+\frac{11}{12}+\frac{2}{5}=$ □

$\frac{1}{6}+2\frac{1}{2}+\frac{7}{8}=$ □

$4\frac{3}{4}+\frac{2}{3}+\frac{5}{9}=$ □

$\frac{1}{3}+2\frac{1}{4}+2\frac{1}{5}=$ □

$1\frac{2}{3}+2\frac{1}{4}+2\frac{4}{5}=$ □

$1\frac{5}{7}+2\frac{1}{14}+2\frac{3}{5}=$ □

세 분수의 덧셈 (2)

다음과 같이 세 분수를 한꺼번에 통분하여 덧셈을 하세요.

$$\frac{3}{5}+\frac{2}{3}+\frac{1}{2}=\frac{18}{30}+\frac{20}{30}+\frac{15}{30}=\frac{53}{30}=1\frac{23}{30}$$

5, 3, 2의 최소공배수

$$\frac{1}{2}+\frac{2}{5}+\frac{3}{10}=\frac{\square}{10}+\frac{\square}{10}+\frac{\square}{10}=\frac{\square}{10}=\square\frac{\square}{10}=\square\frac{\square}{5}$$

$$\frac{5}{8}+\frac{1}{3}+\frac{1}{2}=\frac{\square}{\square}+\frac{\square}{\square}+\frac{\square}{\square}=\frac{\square}{\square}=\square\frac{\square}{\square}$$

8, 3, 2의 최소공배수 :

) 8 3 2

$$1\frac{1}{4}+2\frac{1}{6}+2\frac{3}{5}=\square\frac{\square}{\square}+\square\frac{\square}{\square}+\square\frac{\square}{\square}$$

$$=\square\frac{\square}{\square}=\square\frac{\square}{\square}$$

세 분모의 최소공배수를 공통분모로 하여 통분한 후 통분한 분모는 그대로 두고 분자끼리 더하면 됩니다.

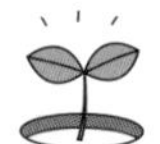
분수의 덧셈을 하세요.

$\frac{1}{2}+\frac{7}{8}+\frac{1}{4}=$ $1\frac{5}{8}$

$\frac{1}{3}+\frac{5}{6}+\frac{7}{15}=$ □

$1\frac{3}{4}+\frac{5}{6}+\frac{1}{8}=$ □

$\frac{1}{5}+\frac{3}{7}+2\frac{5}{6}=$ □

$\frac{1}{3}+1\frac{3}{4}+4\frac{3}{5}=$ □

$3\frac{2}{3}+2\frac{3}{7}+2\frac{1}{14}=$ □

$5\frac{1}{5}+1\frac{3}{4}+2\frac{7}{10}=$ □

분수의 덧셈을 하세요.

$\frac{1}{3}+\frac{5}{6}+\frac{5}{9}=\square$

$\frac{1}{2}+\frac{3}{8}+\frac{2}{5}=\square$

$\frac{2}{9}+3\frac{2}{3}+\frac{5}{18}=\square$

$\frac{1}{3}+\frac{1}{5}+2\frac{9}{15}=\square$

$5\frac{1}{2}+2\frac{1}{3}+\frac{1}{4}=\square$

$1\frac{4}{5}+\frac{1}{2}+2\frac{3}{20}=\square$

$1\frac{1}{4}+2\frac{5}{12}+2\frac{5}{7}=\square$

분수 덧셈 퍼즐

 대각선으로 연결된 세 수의 합이 모두 같도록 빈 곳에 알맞은 수를 써넣으세요.

$\frac{1}{3}$		$\frac{1}{6}$
	$2\frac{3}{4}$	
$\frac{2}{3}$		$\frac{1}{2}$

$\rightarrow \frac{2}{3} + 2\frac{3}{4} + \frac{1}{6} = 3\frac{7}{12}$

$\rightarrow 3\frac{7}{12} - \frac{1}{3} - 2\frac{3}{4} = \frac{1}{2}$

$\frac{2}{5}$		
	$\frac{7}{10}$	
$\frac{1}{3}$		$\frac{5}{6}$

		$\frac{5}{6}$
	$1\frac{1}{8}$	
$\frac{2}{9}$		$\frac{2}{3}$

$1\frac{7}{12}$		$\frac{4}{9}$
	$4\frac{3}{7}$	
		$\frac{5}{18}$

$2\frac{3}{4}$		$2\frac{9}{14}$
	$2\frac{1}{5}$	
$2\frac{5}{7}$		

대각선으로 연결된 세 수의 합이 모두 같도록 빈 곳에 알맞은 수를 써넣으세요.

$\frac{7}{8}$		$\frac{5}{12}$
	$\frac{5}{6}$	
		$\frac{2}{9}$

$1\frac{3}{4}$		$5\frac{3}{8}$
	$3\frac{1}{7}$	
$\frac{1}{2}$		

$\frac{5}{6}$		
	$1\frac{2}{9}$	
$\frac{1}{10}$		$\frac{7}{12}$

$\frac{2}{5}$		$\frac{1}{3}$
	$4\frac{3}{4}$	
		$1\frac{1}{6}$

		$\frac{1}{6}$
	$\frac{11}{15}$	
$\frac{2}{9}$		$\frac{1}{3}$

$5\frac{1}{2}$		$2\frac{3}{7}$
	$5\frac{3}{4}$	
$3\frac{5}{28}$		

소마셈 D6 – 3주차

세 분수의 덧셈과 뺄셈 (2)

세 분수의 뺄셈 (1)

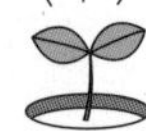 다음과 같이 앞에서부터 두 분수씩 차례로 계산하여 뺄셈을 하세요.

$$\frac{2}{3}-\frac{1}{2}-\frac{1}{8}=\left(\frac{4}{6}-\frac{3}{6}\right)-\frac{1}{8}=\frac{1}{6}-\frac{1}{8}$$
$$=\frac{4}{24}-\frac{3}{24}=\frac{1}{24}$$

$$\frac{5}{6}-\frac{1}{3}-\frac{1}{4}=\left(\frac{\square}{6}-\frac{\square}{6}\right)-\frac{1}{4}=\frac{\square}{6}-\frac{1}{4}$$
$$=\frac{\square}{12}-\frac{\square}{12}=\frac{\square}{12}=\frac{\square}{\square}$$

$$3\frac{3}{4}-1\frac{1}{12}-2\frac{1}{8}=\left(\square\frac{\square}{12}-\square\frac{\square}{12}\right)-2\frac{1}{8}$$
$$=\square\frac{\square}{12}-2\frac{1}{8}$$
$$=\square\frac{\square}{24}-\square\frac{\square}{24}=\frac{\square}{24}$$

TIP

세 분수의 뺄셈에서는 빼는 순서가 바뀌면 계산 결과가 달라지므로 반드시 앞에서부터 차례로 계산해야 합니다.

분수의 뺄셈을 하세요.

$\frac{1}{2} - \frac{1}{3} - \frac{1}{9} = \boxed{\frac{1}{18}}$

$\frac{2}{3} - \frac{1}{2} - \frac{1}{8} = \square$

$1\frac{5}{6} - \frac{1}{3} - \frac{2}{9} = \square$

$2\frac{4}{5} - \frac{1}{3} - \frac{4}{15} = \square$

$3\frac{3}{4} - 1\frac{1}{6} - \frac{1}{12} = \square$

$3\frac{1}{2} - \frac{1}{6} - 2\frac{1}{9} = \square$

$3\frac{3}{6} - 1\frac{1}{3} - 2\frac{1}{18} = \square$

분수의 뺄셈을 하세요.

$\frac{2}{3} - \frac{1}{5} - \frac{1}{4} = \square$

$\frac{5}{6} - \frac{1}{9} - \frac{1}{15} = \square$

$2\frac{1}{2} - \frac{1}{9} - \frac{1}{14} = \square$

$4\frac{3}{4} - \frac{1}{5} - \frac{1}{10} = \square$

$3\frac{2}{3} - 1\frac{1}{9} - \frac{5}{12} = \square$

$5\frac{3}{5} - 1\frac{1}{10} - 2\frac{3}{20} = \square$

$7\frac{5}{6} - 3\frac{1}{7} - 1\frac{1}{2} = \square$

세 분수의 뺄셈 (2)

다음과 같이 세 분수를 한꺼번에 통분하여 뺄셈을 하세요.

$$\frac{2}{3}-\frac{1}{2}-\frac{1}{8}=\frac{16}{24}-\frac{12}{24}-\frac{3}{24}=\frac{1}{24}$$

3, 2, 8의 최소공배수

$$\frac{7}{9}-\frac{1}{3}-\frac{1}{6}=\frac{\square}{18}-\frac{\square}{18}-\frac{\square}{18}=\frac{\square}{18}$$

$$\frac{2}{3}-\frac{1}{5}-\frac{1}{6}=\frac{\square}{\square}-\frac{\square}{\square}-\frac{\square}{\square}=\frac{\square}{\square}=\frac{\square}{\square}$$

3, 5, 6의 최소공배수 :

) 3 5 6

$$4\frac{2}{3}-1\frac{1}{5}-1\frac{2}{15}=\square\frac{\square}{\square}-\square\frac{\square}{\square}-\square\frac{\square}{\square}$$

$$=\square\frac{\square}{\square}=\square\frac{\square}{\square}$$

세 분모의 최소공배수를 공통분모로 하여 앞에서부터 차례로 빼면 됩니다.

분수의 뺄셈을 하세요.

$\frac{5}{6} - \frac{2}{3} - \frac{1}{8} = \frac{1}{24}$

$\frac{1}{2} - \frac{1}{5} - \frac{1}{10} = \square$

$4\frac{2}{3} - \frac{1}{5} - \frac{1}{15} = \square$

$1\frac{2}{3} - \frac{1}{4} - \frac{3}{5} = \square$

$3\frac{3}{4} - 1\frac{1}{7} - \frac{3}{8} = \square$

$5\frac{1}{3} - 1\frac{3}{10} - 2\frac{4}{15} = \square$

$7\frac{5}{9} - 3\frac{7}{12} - 1\frac{5}{18} = \square$

분수의 뺄셈을 하세요.

$\frac{7}{8} - \frac{1}{2} - \frac{1}{6} = \square$

$\frac{8}{9} - \frac{1}{3} - \frac{2}{5} = \square$

$3\frac{5}{6} - \frac{5}{12} - \frac{1}{4} = \square$

$2\frac{1}{2} - \frac{5}{18} - \frac{1}{9} = \square$

$8\frac{8}{9} - \frac{1}{3} - 3\frac{2}{5} = \square$

$6\frac{7}{15} - 2\frac{1}{5} - 2\frac{1}{18} = \square$

$7\frac{1}{2} - 3\frac{5}{6} - 1\frac{5}{12} = \square$

세 분수의 덧셈과 뺄셈 (1)

다음과 같이 앞에서부터 두 분수씩 차례로 계산하여 세 분수의 덧셈과 뺄셈을 하세요.

$$\frac{6}{7}+\frac{3}{4}-\frac{1}{2}=\left(\frac{24}{28}+\frac{21}{28}\right)-\frac{1}{2}=\frac{45}{28}-\frac{1}{2}$$

$$=\frac{45}{28}-\frac{14}{28}=\frac{31}{28}=1\frac{3}{28}$$

$$\frac{4}{5}+\frac{1}{2}-\frac{3}{7}=\left(\frac{\square}{10}+\frac{\square}{10}\right)-\frac{3}{7}=\frac{\square}{10}-\frac{3}{7}$$

$$=\frac{\square}{70}-\frac{\square}{70}=\frac{\square}{70}$$

$$5\frac{3}{8}-1\frac{1}{9}+2\frac{5}{12}=\left(\square\frac{\square}{72}-\square\frac{\square}{72}\right)+2\frac{5}{12}$$

$$=\square\frac{\square}{72}+2\frac{5}{12}$$

$$=\square\frac{\square}{72}+\square\frac{\square}{72}=\square\frac{\square}{72}$$

TIP

세 분수의 혼합계산은 세 분수의 뺄셈과 같이 앞에서부터 차례로 두 분수씩 계산합니다. 순서를 바꾸어 계산하면 계산 결과가 달라지거나 계산이 되지 않는 경우가 생기므로 순서에 주의하여 계산합니다.

다음을 계산하세요.

$\frac{3}{8} + \frac{1}{2} - \frac{2}{3} = \frac{5}{24}$

$1\frac{2}{3} + \frac{7}{12} - \frac{2}{9} = \square$

$2\frac{2}{5} - \frac{1}{4} + \frac{3}{8} = \square$

$\frac{2}{3} - \frac{5}{21} + \frac{5}{9} = \square$

$3\frac{3}{4} - 1\frac{1}{6} + \frac{2}{3} = \square$

$1\frac{3}{5} + 4\frac{1}{2} - \frac{2}{7} = \square$

$5\frac{3}{4} + 2\frac{1}{9} - 2\frac{7}{12} = \square$

다음을 계산하세요.

$\frac{3}{4} + \frac{3}{5} - \frac{3}{10} = \square$

$\frac{2}{9} - \frac{1}{6} + \frac{1}{3} = \square$

$2\frac{7}{8} - \frac{5}{12} + \frac{2}{9} = \square$

$1\frac{4}{5} + \frac{1}{9} - \frac{3}{15} = \square$

$4\frac{3}{4} - \frac{2}{5} + 2\frac{5}{6} = \square$

$5\frac{1}{3} - 1\frac{7}{12} + 3\frac{2}{15} = \square$

$2\frac{1}{2} + 3\frac{7}{18} - 2\frac{2}{9} = \square$

세 분수의 덧셈과 뺄셈 (2)

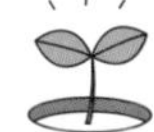

다음과 같이 세 분수를 한꺼번에 통분하여 세 분수의 덧셈과 뺄셈을 하세요.

$$\frac{3}{5}+\frac{1}{4}-\frac{2}{3}=\frac{36}{60}+\frac{15}{60}-\frac{40}{60}=\frac{11}{60}$$

5, 4, 3의 최소공배수

$$\frac{1}{4}+\frac{3}{8}-\frac{1}{12}=\frac{\square}{24}+\frac{\square}{24}-\frac{\square}{24}=\frac{\square}{24}$$

$$\frac{1}{2}-\frac{1}{8}+\frac{2}{3}=\frac{\square}{\square}-\frac{\square}{\square}+\frac{\square}{\square}=\frac{\square}{\square}=\square\frac{\square}{\square}$$

2, 8, 3의 최소공배수 :

) 2 8 3

$$2\frac{2}{3}+1\frac{5}{12}-1\frac{2}{9}=\square\frac{\square}{\square}+\square\frac{\square}{\square}-\square\frac{\square}{\square}=\square\frac{\square}{\square}$$

3, 12, 9의 최소공배수 :

) 3 12 9

다음을 계산하세요.

$\frac{7}{8} - \frac{1}{4} + \frac{2}{3} = 1\frac{7}{24}$

$\frac{4}{5} + \frac{1}{6} - \frac{2}{15} = \square$

$2\frac{5}{6} - \frac{1}{3} + \frac{3}{8} = \square$

$3\frac{4}{7} + \frac{5}{8} - \frac{1}{28} = \square$

$4\frac{3}{5} - 3\frac{1}{3} + 4\frac{1}{6} = \square$

$3\frac{3}{5} + \frac{1}{2} - 2\frac{3}{7} = \square$

$1\frac{5}{6} + 7\frac{7}{10} - 3\frac{1}{12} = \square$

다음을 계산하세요.

$\frac{3}{4} + \frac{9}{20} - \frac{2}{5} = \square$

$\frac{5}{6} - \frac{1}{9} + \frac{7}{15} = \square$

$3\frac{4}{5} - \frac{1}{40} + \frac{5}{8} = \square$

$\frac{7}{8} + 1\frac{2}{3} - \frac{5}{18} = \square$

$2\frac{3}{4} + 5\frac{5}{7} - \frac{9}{14} = \square$

$3\frac{5}{9} - 2\frac{1}{5} + 4\frac{8}{15} = \square$

$2\frac{1}{3} - 1\frac{7}{12} + 6\frac{2}{15} = \square$

분수 덧셈 뺄셈 퍼즐

알맞은 계산 결과를 찾아 선으로 이어 보세요.

$1\frac{2}{5}+2\frac{3}{4}+\frac{1}{3}$	$2\frac{37}{45}$
$\frac{2}{3}-\frac{3}{20}-\frac{1}{4}$	$4\frac{29}{60}$
$\frac{2}{3}+1\frac{7}{9}+5\frac{1}{6}$	$1\frac{2}{9}$
$5\frac{8}{9}+\frac{1}{3}-3\frac{2}{5}$	$\frac{4}{15}$
$4\frac{5}{9}-3\frac{3}{5}+\frac{4}{15}$	$7\frac{11}{18}$
$4\frac{3}{7}+4\frac{1}{6}-1\frac{9}{14}$	$6\frac{20}{21}$

알맞은 계산 결과를 찾아 선으로 이어 보세요.

$\frac{8}{9}+\frac{1}{2}+\frac{7}{18}$	$7\frac{5}{6}$
$6\frac{2}{3}+1\frac{5}{12}-\frac{1}{4}$	$1\frac{4}{21}$
$4\frac{4}{5}-\frac{3}{16}+\frac{3}{8}$	$1\frac{7}{9}$
$3\frac{5}{6}-1\frac{2}{7}-1\frac{5}{14}$	$2\frac{7}{30}$
$2\frac{1}{5}-\frac{4}{15}+\frac{3}{10}$	$4\frac{79}{80}$
$4\frac{3}{8}-\frac{5}{12}-\frac{2}{9}$	$3\frac{53}{72}$

Note

소마셈 D6 – 4주차

분수의 활용

□ 구하기

그림을 보고 알맞은 식을 만들고, □를 구하세요.

$\square \rightarrow \boxed{-\frac{1}{9}} \rightarrow 2\frac{5}{6}$

식 : $\square - \frac{1}{9} = 2\frac{5}{6}$, $\square = 2\frac{5}{6} + \frac{1}{9} = 2\frac{17}{18}$

$\square \rightarrow \boxed{+\frac{7}{10}} \rightarrow 4\frac{3}{4}$

식 :

$\square \rightarrow \boxed{-2\frac{1}{2}} \rightarrow 5\frac{5}{8}$

식 :

 그림을 보고 알맞은 식을 만들고, □를 구하세요.

$\square \Rightarrow +\frac{5}{6} \Rightarrow 3\frac{9}{14}$

식 :

$\square \Rightarrow +1\frac{3}{7} \Rightarrow 2\frac{4}{21}$

식 :

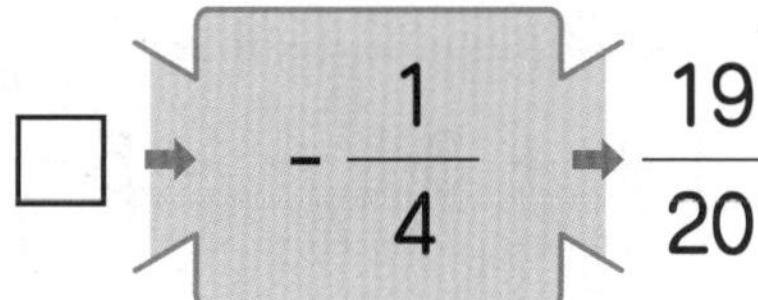

$\square \Rightarrow -\frac{1}{4} \Rightarrow \frac{19}{20}$

식 :

 그림을 보고 알맞은 식을 만들고, □를 구하세요.

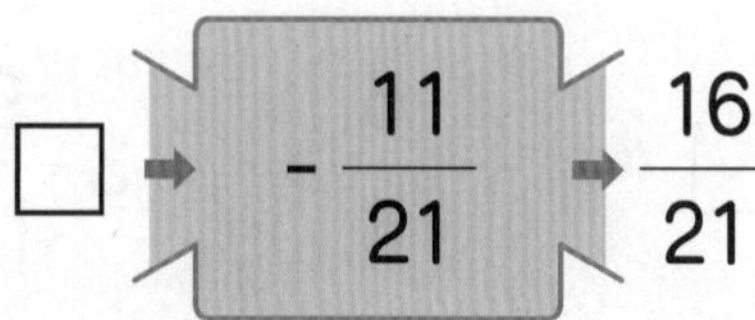

식 :

□ → $-\frac{7}{8}$ → $3\frac{23}{24}$

식 :

□ → $+3\frac{6}{7}$ → $5\frac{5}{14}$

식 :

저울산

다음 저울의 양쪽 값이 같도록 빈 곳에 알맞은 수를 써넣으세요.

$\frac{2}{3}$, $4\frac{2}{7}$ | $\frac{5}{7}$, □

$\frac{2}{3}+4\frac{2}{7}=4\frac{20}{21}$　　$4\frac{20}{21}-\frac{5}{7}=4\frac{5}{21}$

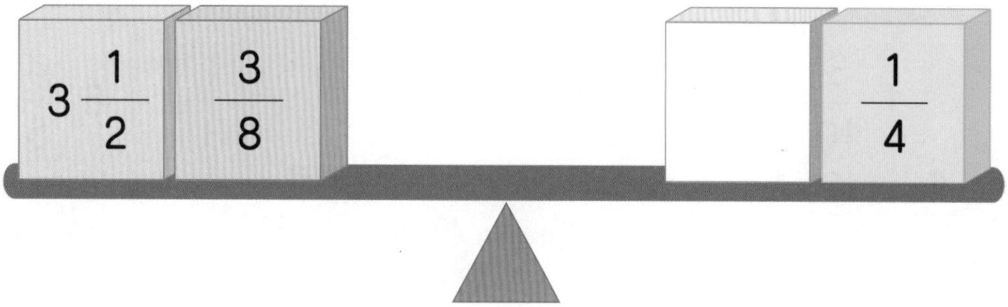

$3\frac{1}{2}$, $\frac{3}{8}$ | □, $\frac{1}{4}$

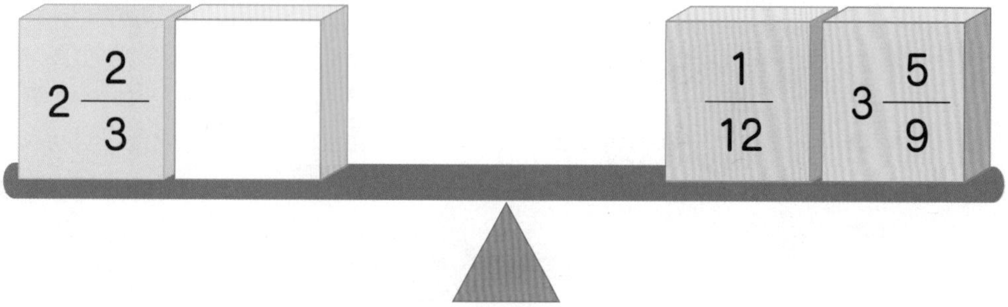

$2\frac{2}{3}$, □ | $\frac{1}{12}$, $3\frac{5}{9}$

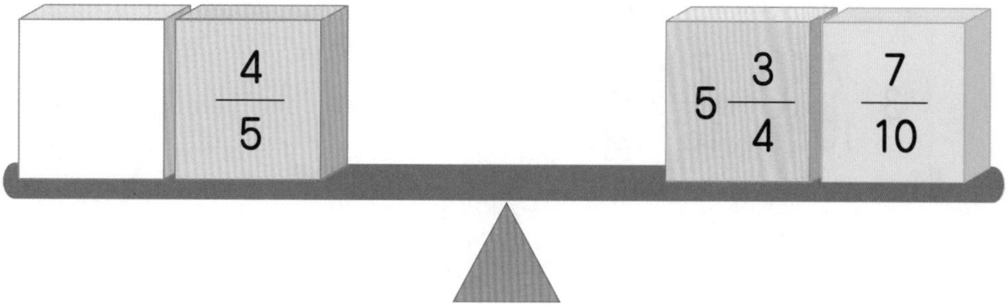

□, $\frac{4}{5}$ | $5\frac{3}{4}$, $\frac{7}{10}$

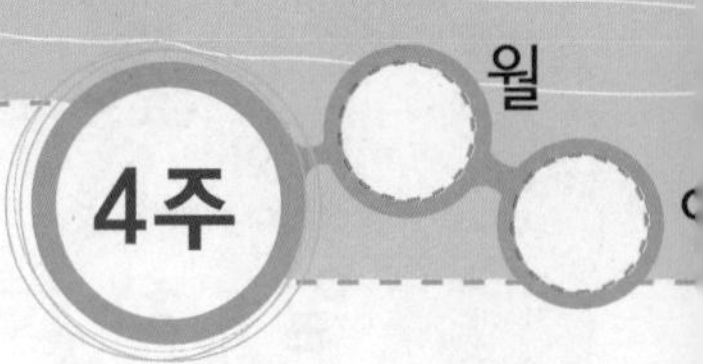

다음 저울의 양쪽 값이 같도록 빈 곳에 알맞은 수를 써넣으세요.

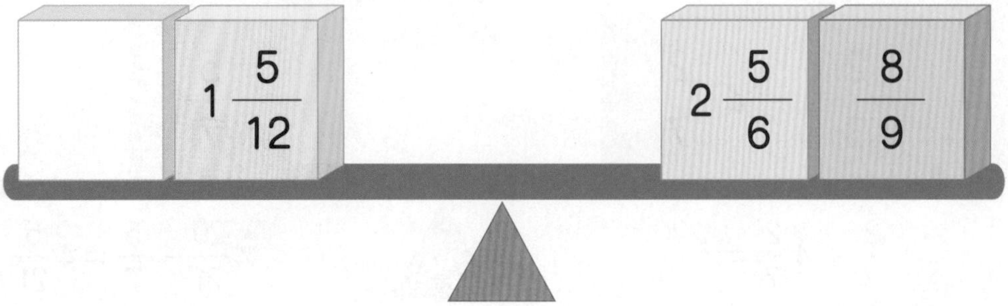

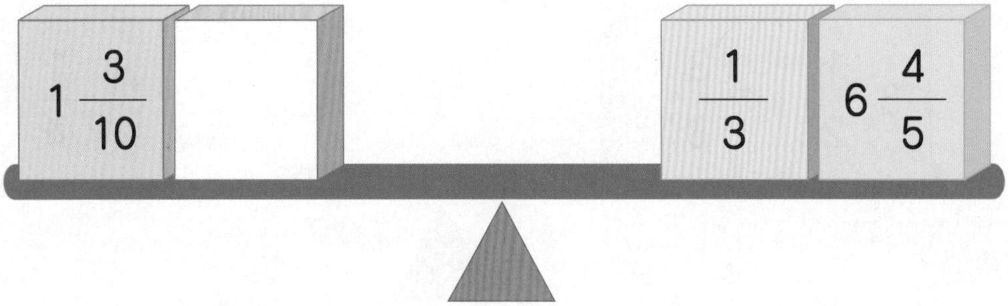

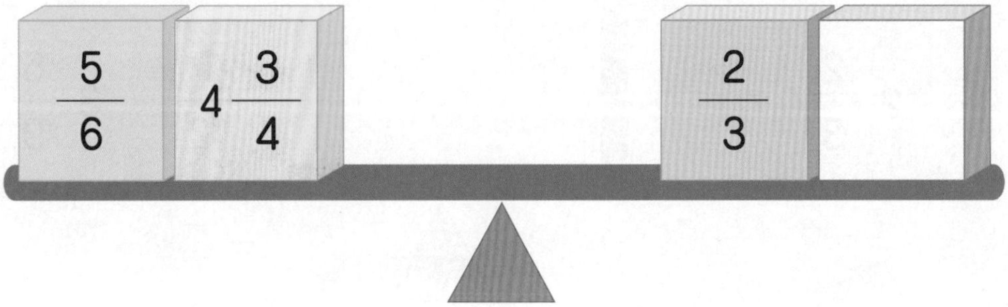

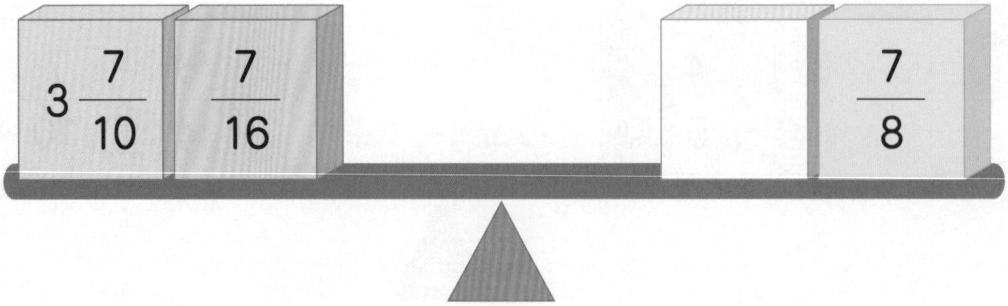

왼쪽		오른쪽	
□	$1\frac{5}{12}$	$2\frac{5}{6}$	$\frac{8}{9}$
$1\frac{3}{10}$	□	$\frac{1}{3}$	$6\frac{4}{5}$
$\frac{5}{6}$	$4\frac{3}{4}$	$\frac{2}{3}$	□
$3\frac{7}{10}$	$\frac{7}{16}$	□	$\frac{7}{8}$

약속

다음 도형이 나타내는 규칙에 맞게 계산해 보세요.

규칙 ㉠ ▲ ㉡ = ㉠ − ㉡ + ㉠

$2\frac{3}{4}$ ▲ $\frac{3}{5}$ $= 2\frac{3}{4} - \frac{3}{5} + 2\frac{3}{4}$

$= 4\frac{9}{10}$

$4\frac{1}{6}$ ▲ $\frac{3}{7} =$

규칙 ㉠ ★ ㉡ = ㉡ + ㉡ − ㉠

$\frac{5}{6}$ ★ $2\frac{4}{9} =$

$\frac{5}{7}$ ★ $3\frac{1}{4} =$

 다음 도형이 나타내는 규칙에 맞게 계산해 보세요.

규칙 ㉠ ◆ ㉡ = $1\frac{1}{3}$ + ㉠ + ㉡

$2\frac{1}{6}$ ◆ $\frac{7}{9}$ =

$\frac{3}{5}$ ◆ $3\frac{3}{8}$ =

규칙 ㉠ ★ ㉡ = ㉠ − ㉡ − $\frac{4}{5}$

$6\frac{3}{4}$ ★ $\frac{3}{5}$ =

$5\frac{5}{12}$ ★ $\frac{3}{10}$ =

 다음 도형이 나타내는 규칙에 맞게 계산해 보세요.

규칙 ㉠ ■ ㉡ = ㉠ + ㉡ − $\frac{3}{4}$

$5\frac{3}{8}$ ■ $\frac{1}{4}$ =

$\frac{8}{9}$ ■ $4\frac{2}{3}$ =

규칙 ㉠ ♥ ㉡ = ㉠ − $1\frac{4}{7}$ + ㉡

$5\frac{2}{5}$ ♥ $\frac{1}{2}$ =

$3\frac{9}{10}$ ♥ $\frac{6}{7}$ =

수직선

□ 안에 알맞은 수를 써넣으세요.

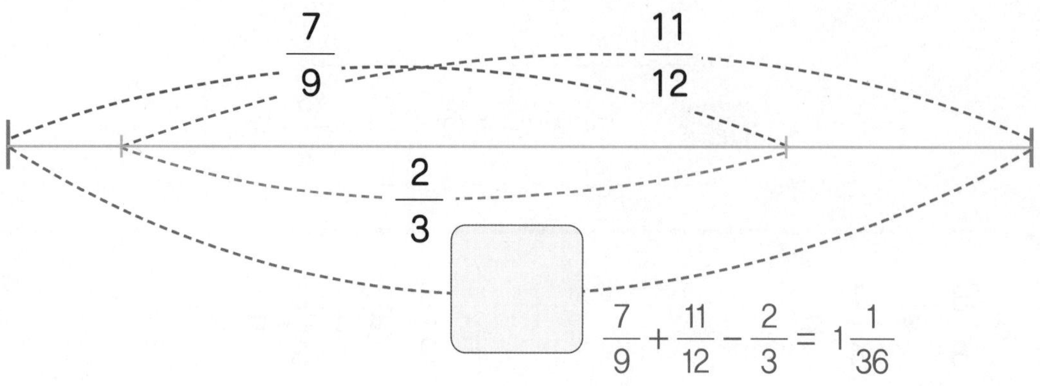

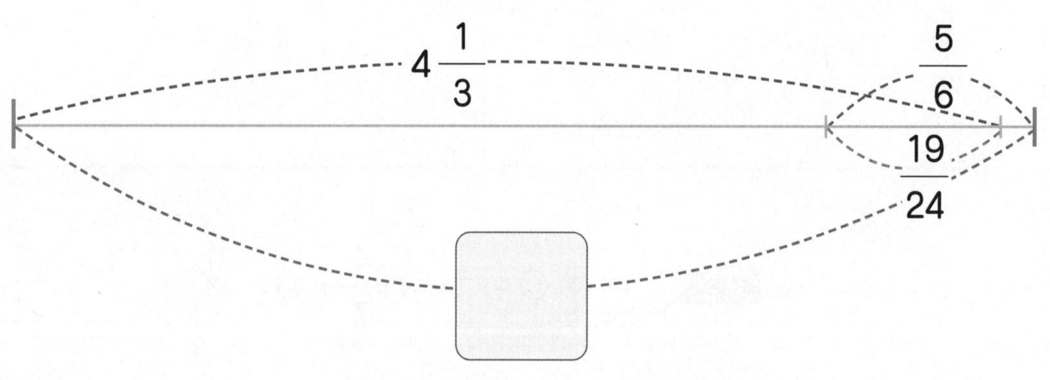

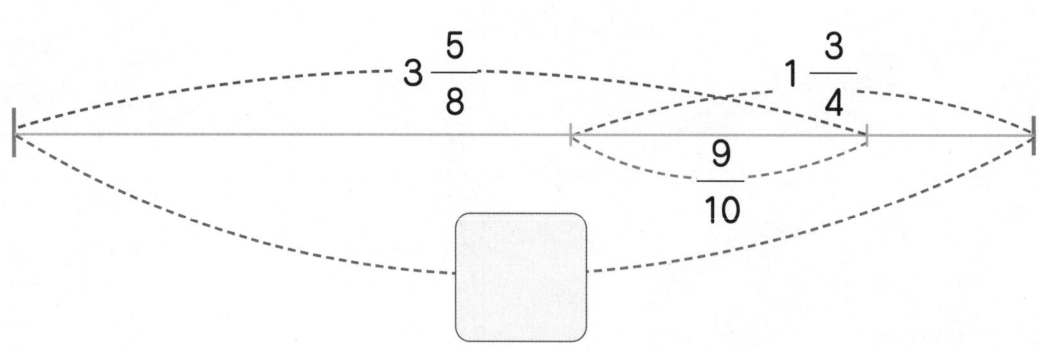

□ 안에 알맞은 수를 써넣으세요.

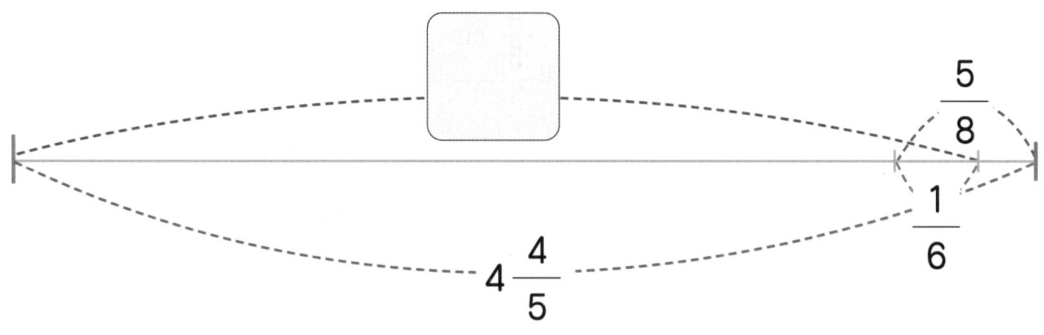

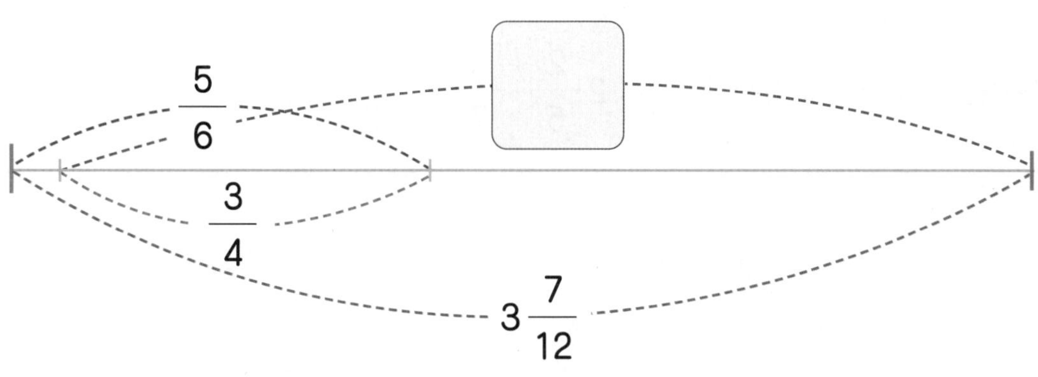

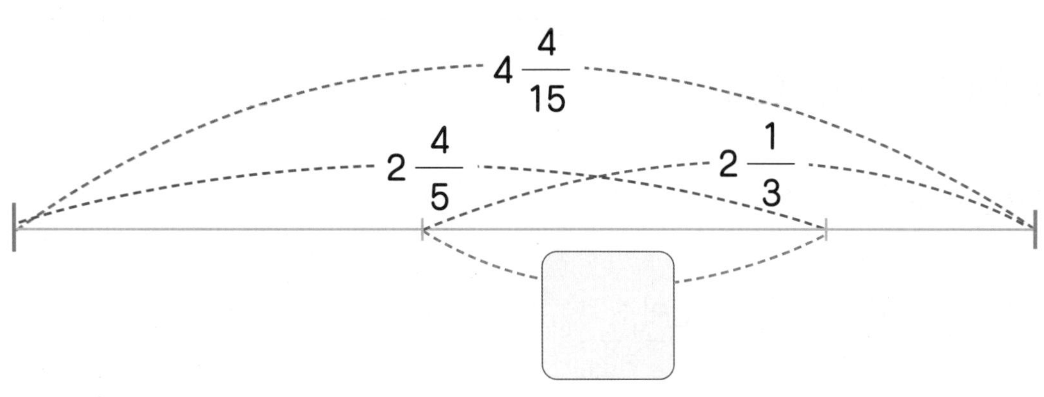

이어 붙인 색 테이프의 길이

 색 테이프를 겹쳐서 이어 붙였습니다. 이어 붙인 색 테이프의 전체 길이를 구해보세요.

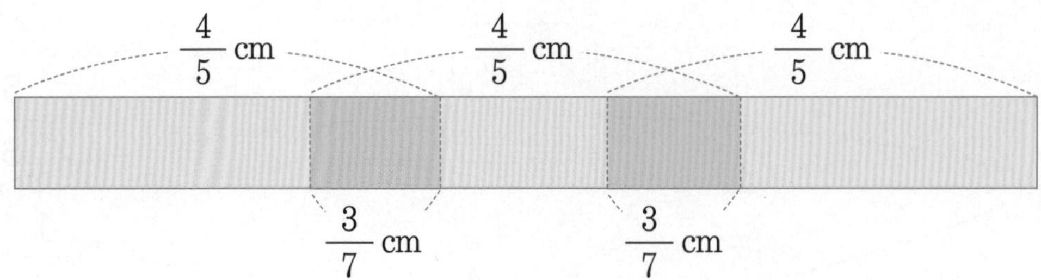

① 색 테이프 3장의 길이의 합 : $\frac{4}{5}+\frac{4}{5}+\frac{4}{5}=2\frac{2}{5}$ (cm)

② 겹쳐진 부분의 길이의 합 : $\frac{3}{7}+\frac{3}{7}=\frac{6}{7}$ (cm)

③ 이어 붙인 색 테이프 전체의 길이 : $2\frac{2}{5}-\frac{6}{7}=1\frac{19}{35}$ (cm)

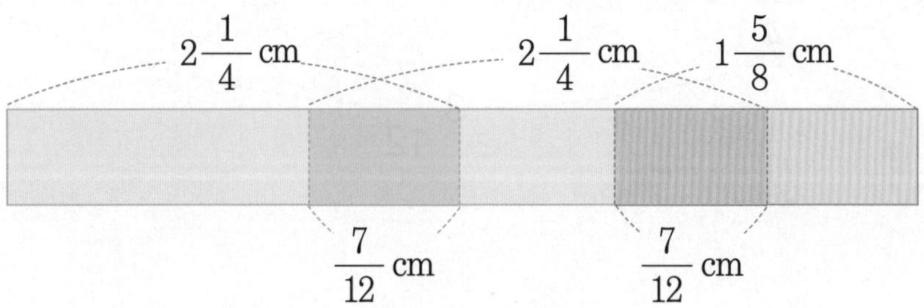

① 색 테이프 3장의 길이의 합 :

② 겹쳐진 부분의 길이의 합 :

③ 이어 붙인 색 테이프 전체의 길이 :

색 테이프를 겹쳐서 이어 붙였습니다. 이어 붙인 색 테이프의 전체 길이를 구해보세요.

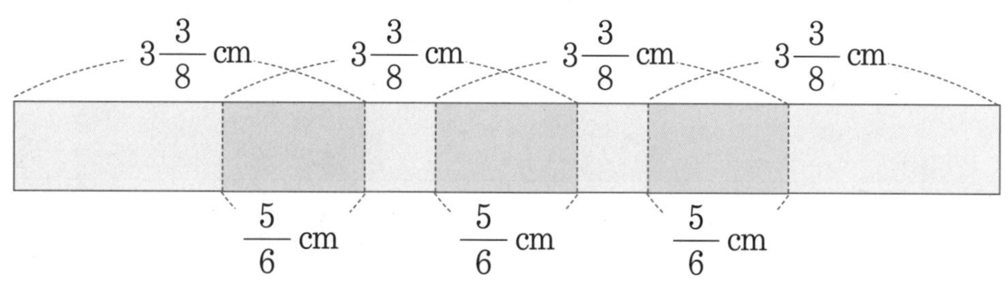

① 색 테이프 4장의 길이의 합 :

② 겹쳐진 부분의 길이의 합 :

③ 이어 붙인 색 테이프 전체의 길이 :

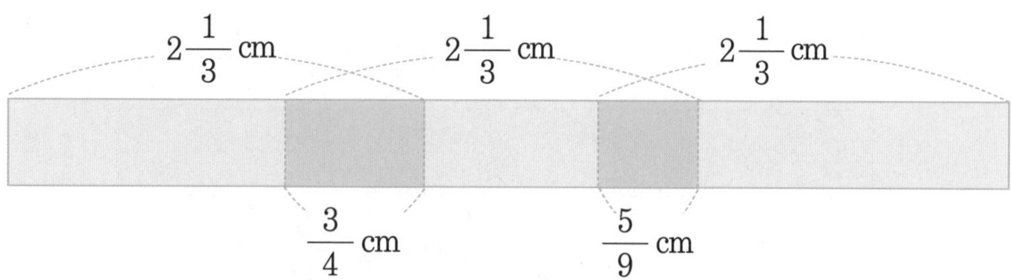

① 색 테이프 3장의 길이의 합 :

② 겹쳐진 부분의 길이의 합 :

③ 이어 붙인 색 테이프 전체의 길이 :

 색 테이프를 겹쳐서 이어 붙였습니다. 이어 붙인 색 테이프의 전체 길이를 구해보세요.

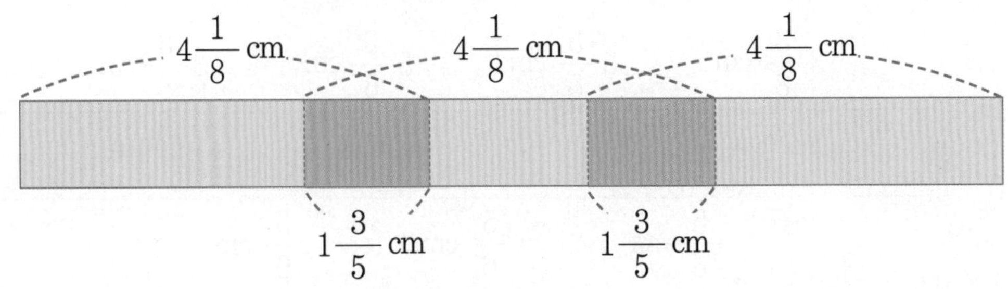

① 색 테이프 3장의 길이의 합 :

② 겹쳐진 부분의 길이의 합 :

③ 이어 붙인 색 테이프 전체의 길이 :

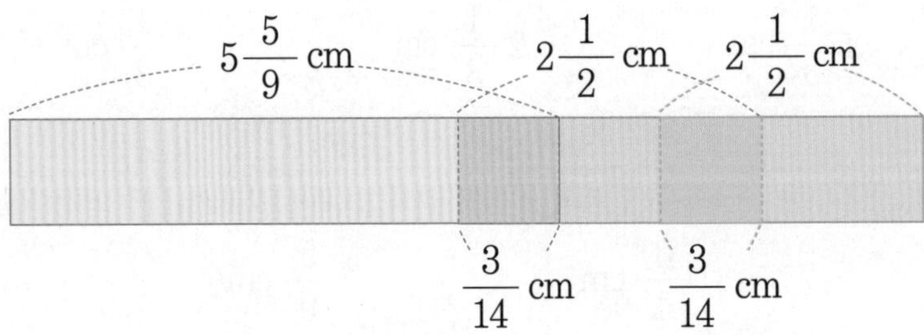

① 색 테이프 3장의 길이의 합 :

② 겹쳐진 부분의 길이의 합 :

③ 이어 붙인 색 테이프 전체의 길이 :

보충학습

Drill

대분수와 진분수의 덧셈과 뺄셈

분수의 덧셈을 하세요.

$\frac{6}{7}+2\frac{2}{3}=$ ☐

$\frac{4}{5}+3\frac{1}{3}=$ ☐

$\frac{6}{21}+1\frac{2}{7}=$ ☐

$\frac{3}{4}+1\frac{6}{7}=$ ☐

$\frac{3}{10}+3\frac{2}{3}=$ ☐

$\frac{4}{7}+3\frac{5}{14}=$ ☐

$\frac{1}{8}+1\frac{1}{13}=$ ☐

$\frac{4}{5}+1\frac{9}{10}=$ ☐

$3\frac{3}{4}+\frac{5}{12}=$ ☐

$\frac{3}{8}+3\frac{3}{40}=$ ☐

$2\frac{5}{9}+\frac{5}{14}=$ ☐

$\frac{6}{7}+2\frac{2}{21}=$ ☐

$1\frac{3}{10}+\frac{5}{14}=$ ☐

$\frac{1}{12}+3\frac{7}{16}=$ ☐

분수의 덧셈을 하세요.

$4\frac{1}{2}+\frac{5}{6}=$ ☐

$2\frac{1}{4}+\frac{2}{7}=$ ☐

$1\frac{4}{5}+\frac{1}{6}=$ ☐

$5\frac{3}{8}+\frac{7}{12}=$ ☐

$3\frac{1}{8}+\frac{5}{9}=$ ☐

$4\frac{3}{8}+\frac{5}{14}=$ ☐

$5\frac{3}{5}+\frac{7}{10}=$ ☐

$1\frac{5}{7}+\frac{2}{3}=$ ☐

$2\frac{7}{8}+\frac{4}{9}=$ ☐

$3\frac{4}{5}+\frac{5}{8}=$ ☐

$4\frac{1}{4}+\frac{5}{6}=$ ☐

$\frac{1}{4}+4\frac{2}{9}=$ ☐

$\frac{3}{20}+5\frac{3}{8}=$ ☐

$\frac{1}{6}+3\frac{3}{16}=$ ☐

분수의 뺄셈을 하세요.

$3\frac{3}{8} - \frac{1}{3} =$ ☐

$2\frac{5}{6} - \frac{3}{4} =$ ☐

$1\frac{2}{5} - \frac{5}{6} =$ ☐

$3\frac{7}{10} - \frac{6}{7} =$ ☐

$5\frac{1}{7} - \frac{2}{5} =$ ☐

$2\frac{1}{2} - \frac{3}{17} =$ ☐

$5\frac{3}{4} - \frac{1}{16} =$ ☐

$4\frac{4}{8} - \frac{1}{9} =$ ☐

$3\frac{4}{7} - \frac{3}{10} =$ ☐

$5\frac{1}{6} - \frac{3}{8} =$ ☐

$5\frac{5}{11} - \frac{2}{5} =$ ☐

$2\frac{7}{20} - \frac{1}{2} =$ ☐

$3\frac{9}{10} - \frac{3}{20} =$ ☐

$2\frac{2}{6} - \frac{3}{28} =$ ☐

분수의 뺄셈을 하세요.

$2\frac{2}{3} - \frac{1}{9} =$ ☐

$1\frac{2}{7} - \frac{3}{4} =$ ☐

$4\frac{1}{12} - \frac{5}{6} =$ ☐

$2\frac{8}{9} - \frac{2}{5} =$ ☐

$2\frac{5}{6} - \frac{7}{8} =$ ☐

$2\frac{1}{8} - \frac{3}{16} =$ ☐

$3\frac{1}{24} - \frac{1}{3} =$ ☐

$4\frac{1}{2} - \frac{7}{17} =$ ☐

$5\frac{4}{35} - \frac{4}{5} =$ ☐

$3\frac{1}{14} - \frac{1}{20} =$ ☐

$4\frac{3}{8} - \frac{7}{18} =$ ☐

$4\frac{2}{3} - \frac{2}{15} =$ ☐

$3\frac{7}{20} - \frac{9}{30} =$ ☐

$5\frac{3}{8} - \frac{7}{11} =$ ☐

세 분수의 덧셈과 뺄셈 (1)

세 수의 최소공배수를 구하세요.

(3, 6, 9) ➡) ______ ➡ 최소공배수 ______

(2, 3, 4) ➡) ______ ➡ 최소공배수 ______

(2, 8, 7) ➡) ______ ➡ 최소공배수 ______

(9, 3, 2) ➡) ______ ➡ 최소공배수 ______

(6, 2, 18) ➡) ______ ➡ 최소공배수 ______

(5, 4, 20) ➡) ______ ➡ 최소공배수 ______

세 수의 최소공배수를 구하세요.

(5, 2, 4) ➡) ________ ➡ 최소공배수 ________

(6, 2, 8) ➡) ________ ➡ 최소공배수 ________

(4, 8, 12) ➡) ________ ➡ 최소공배수 ________

(5, 8, 10) ➡) ________ ➡ 최소공배수 ________

(2, 9, 16) ➡) ________ ➡ 최소공배수 ________

(6, 8, 20) ➡) ________ ➡ 최소공배수 ________

분수의 덧셈을 하세요.

$\frac{1}{6}+\frac{1}{2}+\frac{7}{8}=\square$

$\frac{2}{3}+\frac{1}{12}+\frac{3}{8}=\square$

$\frac{1}{6}+\frac{3}{5}+2\frac{1}{4}=\square$

$3\frac{3}{4}+\frac{4}{5}+\frac{4}{15}=\square$

$\frac{2}{5}+2\frac{7}{10}+2\frac{5}{6}=\square$

$1\frac{1}{4}+\frac{5}{8}+2\frac{3}{16}=\square$

$1\frac{5}{8}+2\frac{1}{10}+2\frac{3}{20}=\square$

분수의 덧셈을 하세요.

$\frac{1}{7} + \frac{5}{6} + \frac{2}{3} = \square$

$\frac{4}{5} + \frac{2}{3} + \frac{7}{20} = \square$

$\frac{1}{2} + 3\frac{5}{6} + \frac{2}{15} = \square$

$\frac{2}{9} + \frac{2}{27} + 3\frac{1}{3} = \square$

$3\frac{5}{8} + 4\frac{3}{4} + \frac{1}{12} = \square$

$1\frac{1}{2} + \frac{1}{10} + 5\frac{7}{20} = \square$

$1\frac{1}{6} + 2\frac{5}{8} + 2\frac{8}{15} = \square$

세 분수의 덧셈과 뺄셈 (2)

분수의 뺄셈을 하세요.

$$\frac{5}{6} - \frac{1}{3} - \frac{1}{12} = \square$$

$$\frac{9}{10} - \frac{3}{20} - \frac{2}{5} = \square$$

$$1\frac{2}{3} - \frac{2}{9} - \frac{1}{4} = \square$$

$$2\frac{3}{4} - \frac{2}{5} - \frac{3}{20} = \square$$

$$3\frac{5}{12} - 1\frac{1}{4} - \frac{5}{6} = \square$$

$$4\frac{7}{12} - \frac{1}{6} - 2\frac{1}{4} = \square$$

$$3\frac{11}{15} - 1\frac{2}{5} - 2\frac{3}{10} = \square$$

분수의 뺄셈을 하세요.

$\frac{5}{9} - \frac{1}{12} - \frac{1}{6} =$ ☐

$\frac{7}{8} - \frac{1}{4} - \frac{1}{3} =$ ☐

$4\frac{9}{10} - \frac{3}{4} - \frac{1}{8} =$ ☐

$5\frac{2}{9} - \frac{1}{3} - \frac{3}{4} =$ ☐

$3\frac{4}{5} - 1\frac{1}{15} - \frac{1}{6} =$ ☐

$6\frac{1}{2} - 2\frac{2}{5} - 1\frac{2}{15} =$ ☐

$4\frac{3}{5} - 1\frac{7}{20} - 1\frac{1}{8} =$ ☐

다음을 계산하세요.

$\frac{2}{5} + \frac{1}{2} - \frac{2}{3} =$ □

$4\frac{1}{6} + \frac{2}{3} - \frac{2}{5} =$ □

$2\frac{5}{9} - \frac{1}{12} + \frac{5}{6} =$ □

$\frac{11}{20} - \frac{1}{5} + \frac{1}{4} =$ □

$4\frac{1}{2} - 1\frac{1}{10} + \frac{1}{6} =$ □

$2\frac{3}{4} + 2\frac{1}{12} - \frac{3}{8} =$ □

$5\frac{3}{8} + 2\frac{3}{4} - 1\frac{9}{16} =$ □

다음을 계산하세요.

$\frac{5}{6} - \frac{1}{3} + \frac{2}{9} =$ ☐

$\frac{1}{4} + \frac{7}{12} - \frac{5}{24} =$ ☐

$3\frac{2}{3} - \frac{1}{2} + \frac{5}{12} =$ ☐

$3\frac{2}{3} + \frac{3}{10} - \frac{2}{5} =$ ☐

$3\frac{3}{4} - 1\frac{8}{16} + 3\frac{1}{6} =$ ☐

$4\frac{1}{6} + \frac{7}{9} - 2\frac{8}{27} =$ ☐

$6\frac{2}{3} - 1\frac{1}{2} + 2\frac{1}{12} =$ ☐

분수의 활용

다음 저울의 양쪽 값이 같도록 빈 곳에 알맞은 수를 써넣으세요.

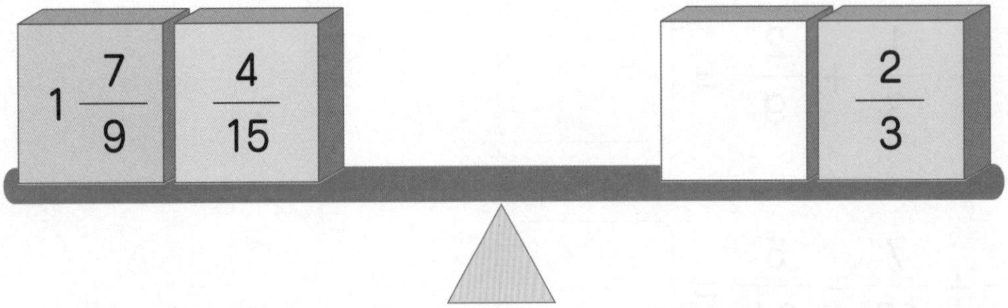

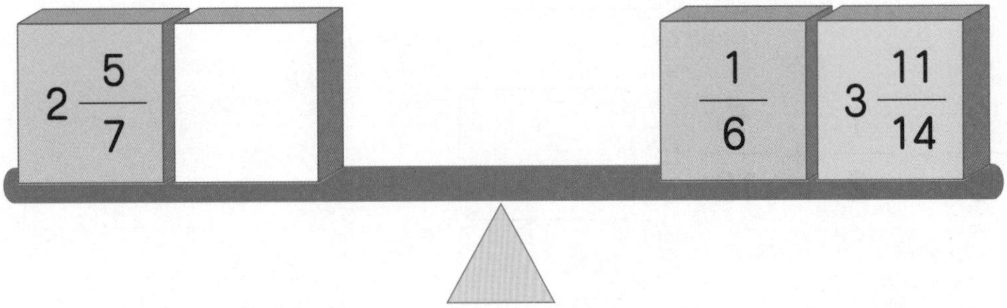

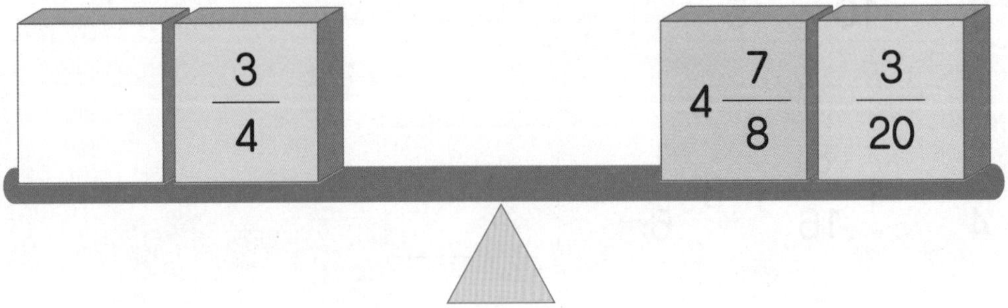

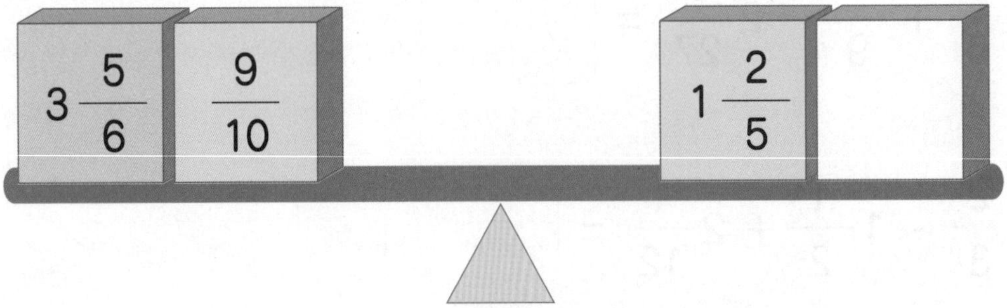

왼쪽	왼쪽	오른쪽	오른쪽
$1\frac{7}{9}$	$\frac{4}{15}$	☐	$\frac{2}{3}$
$2\frac{5}{7}$	☐	$\frac{1}{6}$	$3\frac{11}{14}$
☐	$\frac{3}{4}$	$4\frac{7}{8}$	$\frac{3}{20}$
$3\frac{5}{6}$	$\frac{9}{10}$	$1\frac{2}{5}$	☐

다음 저울의 양쪽 값이 같도록 빈 곳에 알맞은 수를 써넣으세요.

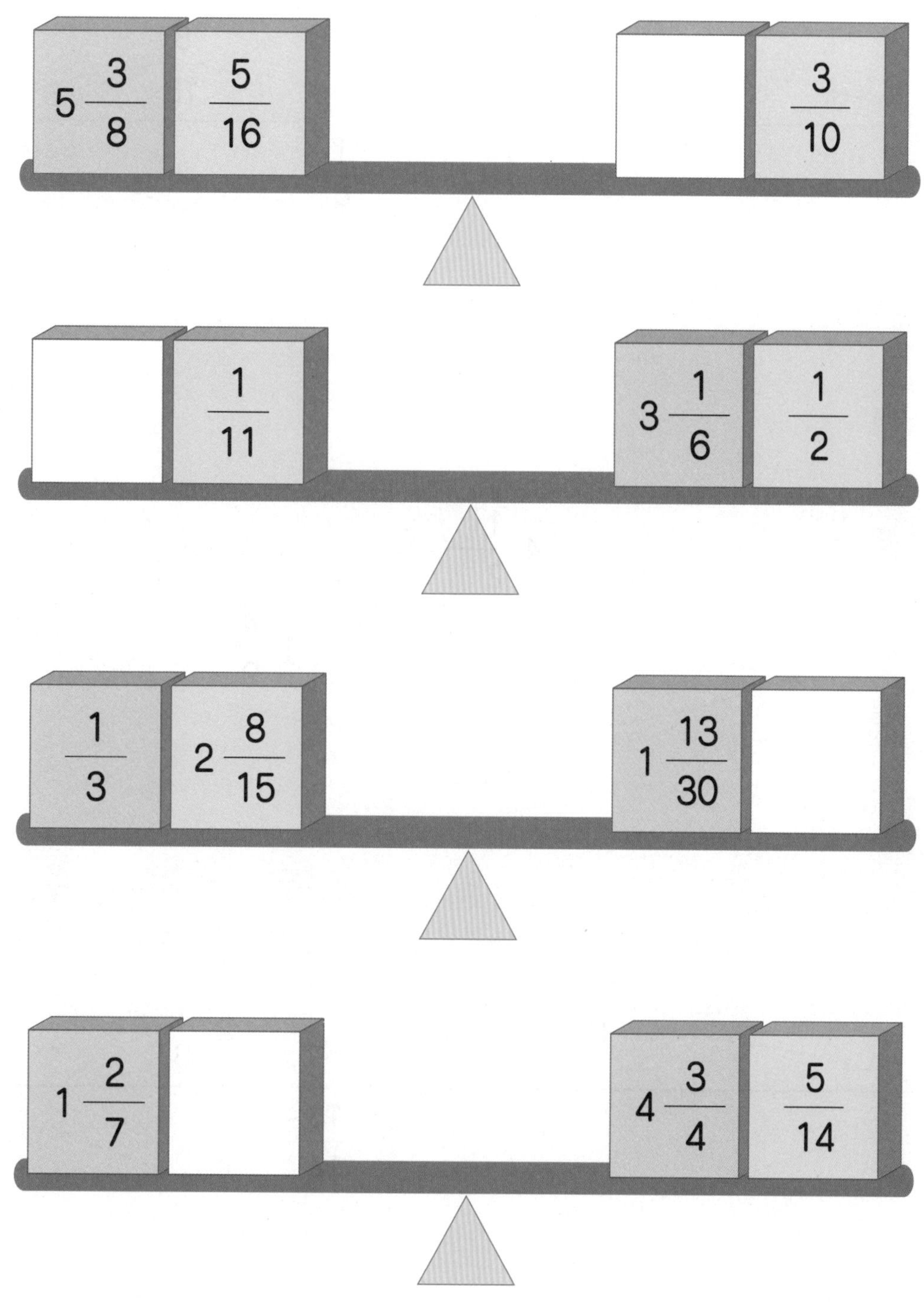

□ 안에 알맞은 수를 써넣으세요.

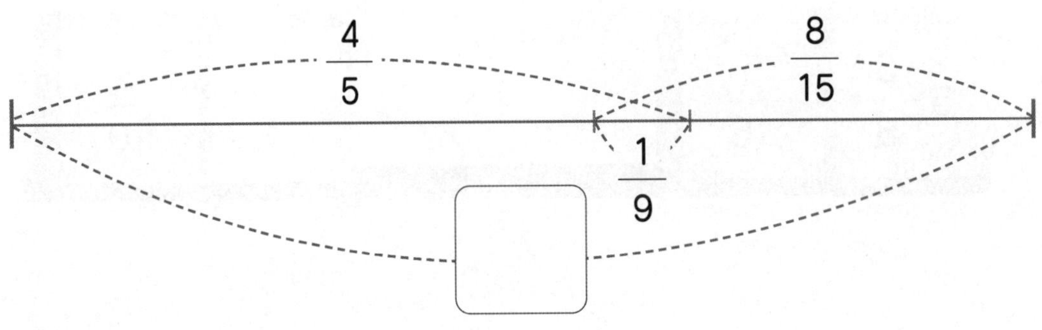

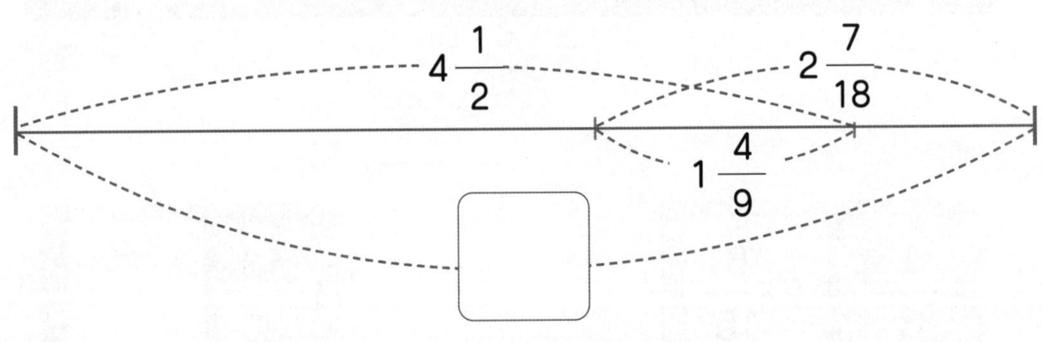

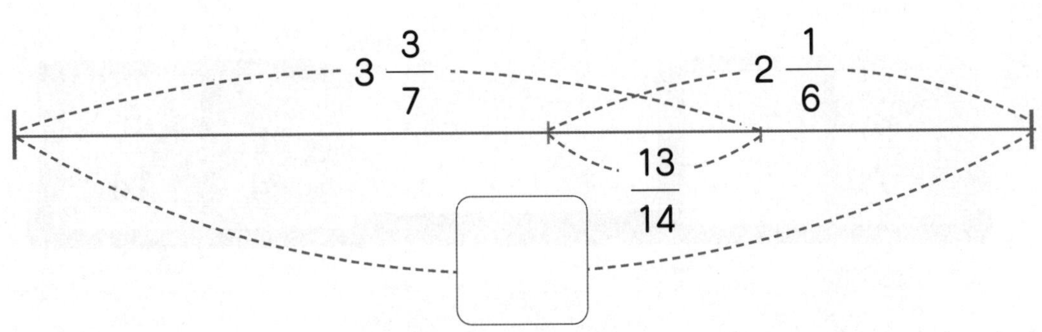

□ 안에 알맞은 수를 써넣으세요.

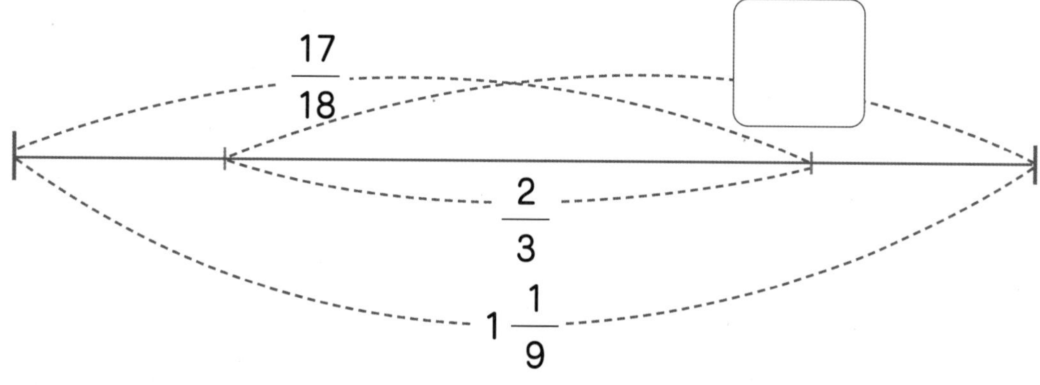

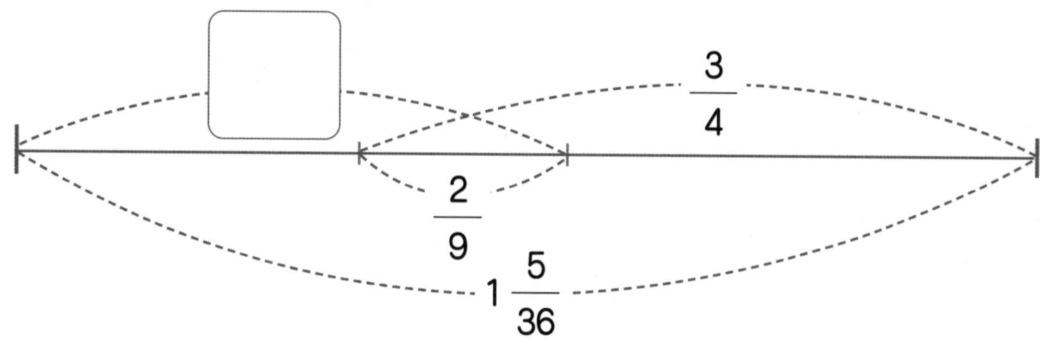

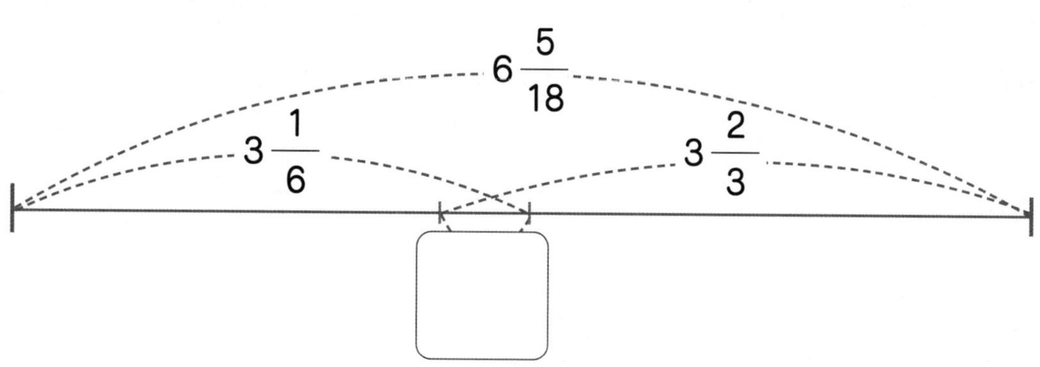

Note

소마의 마술같은 원리셈

P 10 ~ 11

1일차

(대분수) + (진분수) (1)

다음과 같이 덧셈을 하세요.

$1\frac{1}{2} + \frac{1}{4} = 1\frac{3}{4}$

$1\frac{1}{2} + \frac{1}{4} = 1\frac{2}{4} + \frac{1}{4} = 1\frac{3}{4}$

$2\frac{1}{3} + \frac{2}{5} = 2\frac{5}{15} + \frac{6}{15} = 2\frac{11}{15}$

$1\frac{2}{3} + \frac{1}{6} = 1\frac{4}{6} + \frac{1}{6} = 1\frac{5}{6}$

TIP

분모가 다른 대분수와 진분수의 덧셈은 대분수의 분수 부분을 통분한 후 자연수는 자연수끼리, 분수는 분수끼리 더합니다. 이때 진분수의 자연수는 0이라는 것을 잊지 말도록 합니다.

분수의 덧셈을 하세요.

$1\frac{1}{3} + \frac{1}{6} = 1\frac{1}{2}$

$2\frac{2}{3} + \frac{1}{7} = 2\frac{17}{21}$

$1\frac{3}{5} + \frac{1}{10} = 1\frac{7}{10}$

$3\frac{1}{4} + \frac{1}{6} = 3\frac{5}{12}$

$2\frac{1}{3} + \frac{3}{5} = 2\frac{14}{15}$

$2\frac{5}{14} + \frac{3}{8} = 2\frac{41}{56}$

$3\frac{1}{5} + \frac{9}{25} = 3\frac{14}{25}$

$\frac{2}{9} + 3\frac{1}{3} = 3\frac{5}{9}$

$\frac{1}{7} + 2\frac{3}{4} = 2\frac{25}{28}$

$\frac{1}{2} + 1\frac{2}{7} = 1\frac{11}{14}$

$\frac{3}{8} + 2\frac{3}{10} = 2\frac{27}{40}$

$\frac{5}{12} + 4\frac{1}{6} = 4\frac{7}{12}$

$\frac{5}{6} + 1\frac{1}{18} = 1\frac{8}{9}$

$\frac{7}{10} + 5\frac{1}{6} = 5\frac{13}{15}$

P 12 ~ 13

분수의 덧셈을 하세요.

$1\frac{1}{2} + \frac{3}{8} = 1\frac{7}{8}$

$2\frac{1}{6} + \frac{2}{9} = 2\frac{7}{18}$

$5\frac{3}{4} + \frac{1}{5} = 5\frac{19}{20}$

$3\frac{3}{4} + \frac{1}{12} = 3\frac{5}{6}$

$4\frac{3}{8} + \frac{5}{12} = 4\frac{19}{24}$

$6\frac{7}{9} + \frac{2}{27} = 6\frac{23}{27}$

$1\frac{5}{6} + \frac{2}{21} = 1\frac{13}{14}$

$\frac{3}{9} + 1\frac{1}{3} = 1\frac{2}{3}$

$\frac{1}{4} + 1\frac{5}{8} = 1\frac{7}{8}$

$\frac{3}{7} + 3\frac{1}{3} = 3\frac{16}{21}$

$\frac{1}{7} + 1\frac{8}{21} = 1\frac{11}{21}$

$\frac{7}{10} + 5\frac{2}{15} = 5\frac{5}{6}$

$\frac{7}{40} + 3\frac{5}{8} = 3\frac{4}{5}$

$\frac{6}{11} + 7\frac{1}{3} = 7\frac{29}{33}$

2일차

(대분수) + (진분수) (2)

다음과 같이 덧셈을 하세요.

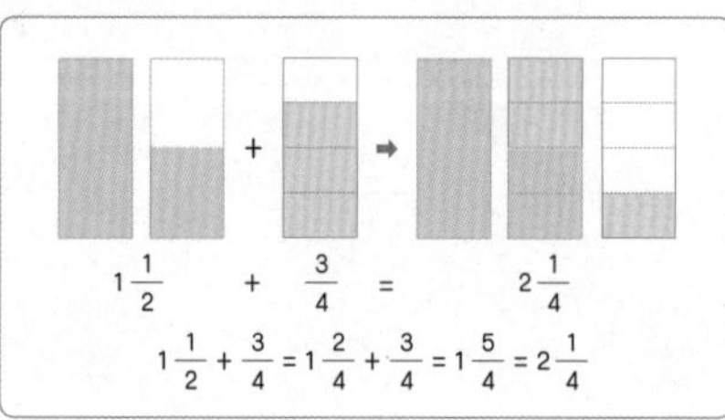

$1\frac{1}{2} + \frac{3}{4} = 2\frac{1}{4}$

$1\frac{1}{2} + \frac{3}{4} = 1\frac{2}{4} + \frac{3}{4} = 1\frac{5}{4} = 2\frac{1}{4}$

$1\frac{2}{3} + \frac{7}{9} = 1\frac{6}{9} + \frac{7}{9} = 1\frac{13}{9} = 2\frac{4}{9}$

$3\frac{1}{2} + \frac{4}{5} = 3\frac{5}{10} + \frac{8}{10} = 3\frac{13}{10} = 4\frac{3}{10}$

TIP

먼저 대분수의 분수 부분을 통분한 후 자연수는 자연수끼리, 분수는 분수끼리 더합니다. 계산 결과가 가분수이면, 대분수로 바꾸어 나타냅니다.

분수의 덧셈을 하세요.

$2\frac{2}{3}+\frac{4}{5}=3\frac{7}{15}$

$2\frac{3}{4}+\frac{4}{5}=3\frac{11}{20}$

$2\frac{1}{2}+\frac{7}{8}=3\frac{3}{8}$

$3\frac{5}{6}+\frac{8}{9}=4\frac{13}{18}$

$1\frac{5}{7}+\frac{2}{3}=2\frac{8}{21}$

$2\frac{3}{4}+\frac{7}{12}=3\frac{1}{3}$

$4\frac{7}{12}+\frac{7}{15}=5\frac{1}{20}$

$\frac{5}{6}+1\frac{5}{8}=2\frac{11}{24}$

$\frac{3}{4}+1\frac{9}{10}=2\frac{13}{20}$

$\frac{3}{4}+3\frac{5}{6}=4\frac{7}{12}$

$\frac{4}{5}+1\frac{8}{15}=2\frac{1}{3}$

$\frac{3}{4}+3\frac{4}{9}=4\frac{7}{36}$

$\frac{8}{9}+2\frac{3}{4}=3\frac{23}{36}$

$\frac{2}{3}+5\frac{9}{10}=6\frac{17}{30}$

P 14 ~ 15

분수의 덧셈을 하세요.

$2\frac{4}{5}+\frac{1}{2}=3\frac{3}{10}$

$1\frac{4}{5}+\frac{5}{6}=2\frac{19}{30}$

$4\frac{5}{6}+\frac{1}{4}=5\frac{1}{12}$

$2\frac{9}{14}+\frac{4}{7}=3\frac{3}{14}$

$1\frac{9}{10}+\frac{6}{25}=2\frac{7}{50}$

$2\frac{4}{5}+\frac{4}{15}=3\frac{1}{15}$

$1\frac{7}{8}+\frac{7}{12}=2\frac{11}{24}$

$\frac{8}{9}+3\frac{1}{3}=4\frac{2}{9}$

$\frac{1}{3}+3\frac{4}{5}=4\frac{2}{15}$

$\frac{3}{4}+5\frac{9}{10}=6\frac{13}{20}$

$\frac{9}{10}+4\frac{4}{15}=5\frac{1}{6}$

$\frac{5}{7}+2\frac{8}{21}=3\frac{2}{21}$

$\frac{9}{14}+1\frac{7}{10}=2\frac{12}{35}$

$\frac{11}{20}+2\frac{7}{12}=3\frac{2}{15}$

3일차 (대분수) – (진분수) (1)

다음과 같이 뺄셈을 하세요.

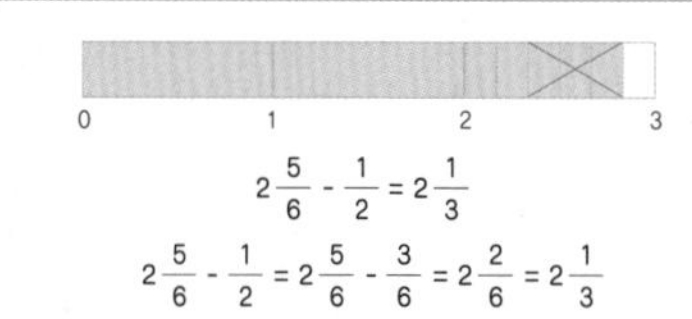

$2\frac{3}{4}-\frac{2}{7}=2\frac{21}{28}-\frac{8}{28}=2\frac{13}{28}$

$4\frac{4}{5}-\frac{2}{15}=4\frac{12}{15}-\frac{2}{15}=4\frac{10}{15}=4\frac{2}{3}$

TIP

분모가 다른 대분수와 진분수의 뺄셈은 대분수의 분수 부분을 통분한 후 자연수는 자연수끼리, 분수는 분수끼리 뺀 후 두 수를 더합니다. 이때 진분수의 자연수는 0이라는 것을 잊지 말도록 합니다.

P 16 ~ 17

분수의 뺄셈을 하세요.

$3\frac{1}{2}-\frac{1}{4}=3\frac{1}{4}$

$2\frac{3}{4}-\frac{1}{3}=2\frac{5}{12}$

$4\frac{5}{6}-\frac{3}{4}=4\frac{1}{12}$

$1\frac{7}{9}-\frac{2}{3}=1\frac{1}{9}$

$3\frac{5}{6}-\frac{2}{9}=3\frac{11}{18}$

$2\frac{9}{14}-\frac{4}{7}=2\frac{1}{14}$

$5\frac{7}{26}-\frac{1}{13}=5\frac{5}{26}$

$1\frac{4}{5}-\frac{1}{3}=1\frac{7}{15}$

$3\frac{6}{7}-\frac{1}{2}=3\frac{5}{14}$

$2\frac{7}{8}-\frac{3}{5}=2\frac{11}{40}$

$5\frac{7}{12}-\frac{1}{6}=5\frac{5}{12}$

$4\frac{9}{10}-\frac{2}{3}=4\frac{7}{30}$

$3\frac{7}{15}-\frac{1}{12}=3\frac{23}{60}$

$1\frac{9}{20}-\frac{3}{16}=1\frac{21}{80}$

정답

P 18 ~ 19

분수의 뺄셈을 하세요.

$4\frac{3}{5}-\frac{1}{4}=4\frac{7}{20}$	$3\frac{5}{8}-\frac{1}{6}=3\frac{11}{24}$
$3\frac{5}{6}-\frac{3}{5}=3\frac{7}{30}$	$5\frac{5}{7}-\frac{4}{21}=5\frac{11}{21}$
$2\frac{1}{2}-\frac{3}{8}=2\frac{1}{8}$	$3\frac{8}{15}-\frac{1}{6}=3\frac{11}{30}$
$4\frac{7}{10}-\frac{1}{6}=4\frac{8}{15}$	$5\frac{5}{12}-\frac{1}{9}=5\frac{11}{36}$
$7\frac{5}{7}-\frac{1}{3}=7\frac{8}{21}$	$2\frac{7}{12}-\frac{5}{16}=2\frac{13}{48}$
$1\frac{9}{20}-\frac{1}{4}=1\frac{1}{5}$	$4\frac{9}{10}-\frac{9}{20}=4\frac{9}{20}$
$2\frac{9}{30}-\frac{3}{20}=2\frac{3}{20}$	$1\frac{7}{15}-\frac{1}{12}=1\frac{23}{60}$

4 일 차

(대분수) – (진분수) (2)

다음과 같이 뺄셈을 하세요.

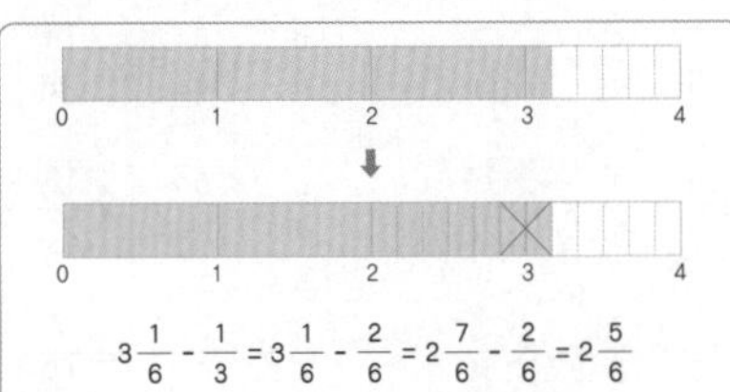

$2\frac{1}{2}-\frac{3}{4}=2\frac{2}{4}-\frac{3}{4}=1\frac{6}{4}-\frac{3}{4}=1\frac{3}{4}$

$4\frac{1}{5}-\frac{1}{2}=4\frac{2}{10}-\frac{5}{10}=3\frac{12}{10}-\frac{5}{10}=3\frac{7}{10}$

TIP

위와 같이 대분수의 분수 부분을 통분한 후에도 분수 부분끼리 뺄 수 없는 경우가 있습니다. 이때는 대분수의 자연수 부분에서 1을 받아내림하여 가분수로 바꾼 후에 빼야 합니다.

P 20 ~ 21

신나는 연산!

분수의 뺄셈을 하세요.

$2\frac{1}{3}-\frac{1}{2}=1\frac{5}{6}$	$3\frac{1}{3}-\frac{3}{5}=2\frac{11}{15}$
$4\frac{1}{5}-\frac{3}{4}=3\frac{9}{20}$	$2\frac{1}{6}-\frac{2}{3}=1\frac{1}{2}$
$5\frac{1}{6}-\frac{7}{8}=4\frac{7}{24}$	$2\frac{2}{3}-\frac{3}{4}=1\frac{11}{12}$
$3\frac{2}{5}-\frac{2}{3}=2\frac{11}{15}$	$4\frac{1}{6}-\frac{7}{9}=3\frac{7}{18}$
$3\frac{5}{12}-\frac{5}{9}=2\frac{31}{36}$	$4\frac{2}{7}-\frac{8}{21}=3\frac{19}{21}$
$4\frac{3}{10}-\frac{7}{20}=3\frac{19}{20}$	$5\frac{1}{6}-\frac{5}{18}=4\frac{8}{9}$
$3\frac{2}{5}-\frac{9}{20}=2\frac{19}{20}$	$6\frac{3}{8}-\frac{7}{12}=5\frac{19}{24}$

1주 월 일

분수의 뺄셈을 하세요.

$2\frac{1}{3}-\frac{3}{4}=1\frac{7}{12}$	$4\frac{1}{5}-\frac{1}{4}=3\frac{19}{20}$
$3\frac{1}{5}-\frac{3}{10}=2\frac{9}{10}$	$5\frac{5}{6}-\frac{7}{8}=4\frac{23}{24}$
$3\frac{3}{8}-\frac{6}{7}=2\frac{29}{56}$	$7\frac{1}{12}-\frac{5}{9}=6\frac{19}{36}$
$6\frac{1}{5}-\frac{5}{6}=5\frac{11}{30}$	$4\frac{2}{9}-\frac{5}{6}=3\frac{7}{18}$
$4\frac{1}{2}-\frac{5}{8}=3\frac{7}{8}$	$3\frac{1}{7}-\frac{1}{5}=2\frac{33}{35}$
$5\frac{3}{8}-\frac{9}{16}=4\frac{13}{16}$	$5\frac{2}{7}-\frac{8}{21}=4\frac{19}{21}$
$2\frac{1}{12}-\frac{5}{8}=1\frac{11}{24}$	$8\frac{1}{10}-\frac{3}{4}=7\frac{7}{20}$

5일차 문장제

다음을 읽고 알맞은 식을 쓰고, 답을 구하세요.

노란색 페인트가 $2\frac{5}{8}$L 들어 있습니다. 여기에 파란색 페인트 $\frac{5}{6}$L를 더 부어 섞었다면 페인트의 양은 모두 몇 L일까요?

식 : $2\frac{5}{8}+\frac{5}{6}=3\frac{11}{24}$ $3\frac{11}{24}$ L

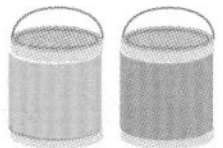

지호는 $\frac{5}{7}$시간 책을 읽었고, $2\frac{1}{3}$시간 피아노를 쳤습니다. 지호가 책을 읽고, 피아노를 친 시간은 모두 몇 시간일까요?

식 : $\frac{5}{7}+2\frac{1}{3}=3\frac{1}{21}$ $3\frac{1}{21}$ 시간

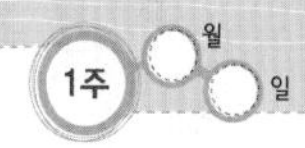

1주 월 일

다음을 읽고 알맞은 식을 쓰고, 답을 구하세요.

주머니에 빨간색 구슬 $\frac{3}{4}$ kg과 파란색 구슬 $4\frac{2}{5}$kg이 들어 있습니다. 파란색 구슬은 빨간색 구슬보다 얼마만큼 더 많을까요?

식 : $4\frac{2}{5}-\frac{3}{4}=3\frac{13}{20}$ $3\frac{13}{20}$ kg

어떤 수조에 물을 넣으면 $6\frac{7}{9}$L가 들어가고, 어떤 물통에 물을 넣으면 $\frac{5}{6}$L가 들어갑니다. 수조에는 물통보다 물이 얼마만큼 더 들어갈까요?

식 : $6\frac{7}{9}-\frac{5}{6}=5\frac{17}{18}$ $5\frac{17}{18}$ L

P 22 ~ 23

신나는 연산!

다음을 읽고 알맞은 식을 쓰고, 답을 구하세요.

길이가 각각 $\frac{7}{12}$m와 $1\frac{3}{8}$m인 리본끈이 있습니다. 두 리본끈의 길이의 합은 몇 m일까요?

식 : $\frac{7}{12}+1\frac{3}{8}=1\frac{23}{24}$ $1\frac{23}{24}$ m

은영이가 포장지로 부모님께 드릴 선물을 포장하려고 합니다. $3\frac{1}{3}$장은 엄마의 선물을, $\frac{4}{9}$장은 아빠의 선물을 포장하는데 사용하였다면 은영이가 선물 포장에 사용한 포장지는 모두 몇 장일까요?

식 : $3\frac{1}{3}+\frac{4}{9}=3\frac{7}{9}$ $3\frac{7}{9}$ 장

영미는 $2\frac{1}{2}$시간 동안 공부를 했습니다. 공부를 한 시간이 운동을 한 시간보다 $\frac{7}{10}$시간 더 많았다면 영미는 몇 시간 동안 운동을 했을까요?

식 : $2\frac{1}{2}-\frac{7}{10}=1\frac{4}{5}$ $1\frac{4}{5}$ 시간

1주

다음을 읽고 알맞은 식을 쓰고, 답을 구하세요.

민정이와 희영이가 꽃밭에 물을 주려고 합니다. 민정이는 $2\frac{3}{7}$L만큼, 희영이는 $\frac{3}{5}$L 만큼 물을 주었다면 두 사람이 꽃밭에 뿌린 물은 모두 몇 L일까요?

식 : $2\frac{3}{7}+\frac{3}{5}=3\frac{1}{35}$ $3\frac{1}{35}$ L

윤아는 초콜렛 $4\frac{5}{14}$개를 가지고 있습니다. 윤아가 $\frac{3}{7}$ 개를 먹고, 남은 것은 모두 오빠에게 주려고 합니다. 오빠가 먹을 수 있는 초콜렛은 몇 개일까요?

식 : $4\frac{5}{14}-\frac{3}{7}=3\frac{13}{14}$ $3\frac{13}{14}$ 개

형과 동생이 감을 땄습니다. 형이 딴 감은 동생이 딴 감보다 $\frac{7}{8}$ kg 더 무겁습니다. 형이 딴 감이 $5\frac{1}{6}$kg이라면 동생이 딴 감은 몇 kg일까요?

식 : $5\frac{1}{6}-\frac{7}{8}=4\frac{7}{24}$ $4\frac{7}{24}$ kg

P 24 ~ 25

정답

P 28 ~ 29

세 수의 최소공배수 (1)

다음과 같이 세 수 중 두 수 이상의 공약수로 나눈 후 그 공약수들과 나머지 수들을 모두 곱하여 최소공배수를 구하세요. 이때 공약수가 없는 수는 그대로 내려 씁니다.

(6, 5, 10) ➡ 2) 6 5 10 / 5) 3 5 5 / 3 1 1 ➡ 최소공배수 2×5×3×1×1=30

(2, 8, 12) ➡ 2) 2 8 12 / 2) 1 4 6 / 1 2 3 ➡ 최소공배수 2×2×1×2×3=24

(4, 2, 9) ➡ 2) 4 2 9 / 2 1 9 ➡ 최소공배수 2×2×1×9=36

(2, 12, 15) ➡ 2) 2 12 15 / 3) 1 6 15 / 1 2 5 ➡ 최소공배수 2×3×1×2×5=60

TIP
두 수의 최소공배수를 구할 때와 같은 방법을 사용하되, 세 수의 공약수로 나누는 과정에서 세 수가 모두 나누어지지 않아도 나머지 2개가 나누어지면 계속해서 나누고, 나누어지지 않는 수는 그대로 아래로 내려 씁니다.
위와 같은 방법으로 세 수의 최소공배수를 구하는 것은 초등 과정은 아니지만 알아 두면 세 분수의 덧셈과 뺄셈을 할 때 편리합니다.

2주 월 일

세 수의 최소공배수를 구하세요.

(6, 7, 9) ➡ 3) 6 7 9 / 2 7 3 ➡ 최소공배수 3×2×7×3=126

(2, 6, 10) ➡ 2) 2 6 10 / 1 3 5 ➡ 최소공배수 2×1×3×5=30

(2, 8, 20) ➡ 2) 2 8 20 / 2) 1 4 10 / 1 2 5 ➡ 최소공배수 2×2×1×2×5=40

(5, 4, 15) ➡ 5) 5 4 15 / 1 4 3 ➡ 최소공배수 5×1×4×3=60

(3, 12, 14) ➡ 2) 3 12 14 / 3) 3 6 7 / 1 2 7 ➡ 최소공배수 2×3×1×2×7=84

(3, 7, 21) ➡ 3) 3 7 21 / 7) 1 7 7 / 1 1 1 ➡ 최소공배수 3×7×1×1×1=21

P 30 ~ 31

2주

세 수의 최소공배수를 구하세요.

(2, 4, 6) ➡ 2) 2 4 6 / 1 2 3 ➡ 최소공배수 2×1×2×3=12

(3, 5, 10) ➡ 5) 3 5 10 / 3 1 2 ➡ 최소공배수 5×3×1×2=30

(4, 10, 12) ➡ 2) 4 10 12 / 2) 2 5 6 / 1 5 3 ➡ 최소공배수 2×2×1×5×3=60

(4, 7, 16) ➡ 2) 4 7 16 / 2) 2 7 8 / 1 7 4 ➡ 최소공배수 2×2×1×7×4=112

(12, 14, 16) ➡ 2) 12 14 16 / 2) 6 7 8 / 3 7 4 ➡ 최소공배수 2×2×3×7×4=336

(8, 12, 20) ➡ 2) 8 12 20 / 2) 4 6 10 / 2 3 5 ➡ 최소공배수 2×2×2×3×5=120

2일차 세 수의 최소공배수 (2)

세 수의 최소공배수를 구하세요.

(8, 2, 3) ➡ 2) 8 2 3 / 4 1 3 ➡ 최소공배수 2×4×1×3=24

(3, 4, 6) ➡ 2) 3 4 6 / 3) 3 2 3 / 1 2 1 ➡ 최소공배수 2×3×1×2×1=12

(5, 6, 15) ➡ 3) 5 6 15 / 5) 5 2 5 / 1 2 1 ➡ 최소공배수 3×5×1×2×1=30

(4, 3, 12) ➡ 3) 4 3 12 / 4) 4 1 4 / 1 1 1 ➡ 최소공배수 3×4×1×1×1=12

(4, 7, 14) ➡ 2) 4 7 14 / 7) 2 7 7 / 2 1 1 ➡ 최소공배수 2×7×2×1×1=28

(3, 12, 15) ➡ 3) 3 12 15 / 1 4 5 ➡ 최소공배수 3×1×4×5=60

2주 월 일

세 수의 최소공배수를 구하세요.

(6, 9, 15) ➡ 3) 6 9 15 / 2 3 5 ➡ 최소공배수 $3\times2\times3\times5=90$

(8, 9, 12) ➡ 3) 8 9 12 / 4) 8 3 4 / 2 3 1 ➡ 최소공배수 $3\times4\times2\times3\times1=72$

(3, 10, 15) ➡ 3) 3 10 15 / 5) 1 10 5 / 1 2 1 ➡ 최소공배수 $3\times5\times1\times2\times1=30$

(5, 8, 16) ➡ 2) 5 8 16 / 4) 5 4 8 / 5 1 2 ➡ 최소공배수 $2\times4\times5\times1\times2=80$

(7, 14, 21) ➡ 7) 7 14 21 / 1 2 3 ➡ 최소공배수 $7\times1\times2\times3=42$

(8, 16, 18) ➡ 2) 8 16 18 / 4) 4 8 9 / 1 2 9 ➡ 최소공배수 $2\times4\times1\times2\times9=144$

3일차

세 분수의 덧셈 (1)

다음과 같이 앞에서부터 두 분수씩 차례로 계산하여 덧셈을 하세요.

$$\frac{3}{5}+\frac{2}{3}+\frac{1}{2}=\left(\frac{9}{15}+\frac{10}{15}\right)+\frac{1}{2}=\frac{19}{15}+\frac{1}{2}$$
$$=\frac{38}{30}+\frac{15}{30}=\frac{53}{30}=1\frac{23}{30}$$

$$\frac{1}{2}+\frac{3}{4}+1\frac{2}{5}=\left(\frac{2}{4}+\frac{3}{4}\right)+1\frac{2}{5}=\frac{5}{4}+1\frac{2}{5}$$
$$=\frac{25}{20}+1\frac{8}{20}=1\frac{33}{20}=2\frac{13}{20}$$

$$1\frac{1}{3}+2\frac{1}{4}+2\frac{1}{5}=\left(1\frac{4}{12}+2\frac{3}{12}\right)+2\frac{1}{5}$$
$$=3\frac{7}{12}+2\frac{1}{5}$$
$$=3\frac{35}{60}+2\frac{12}{60}=5\frac{47}{60}$$

TIP

자연수의 혼합 계산과 같이 분수의 혼합 계산도 앞에서부터 두 분수씩 차례로 계산합니다.
세 분수의 덧셈에서는 더하는 순서를 바꾸어도 계산 결과는 같습니다.

P 32 ~ 33

분수의 덧셈을 하세요.

$\frac{1}{2}+\frac{1}{4}+\frac{2}{3}=1\frac{5}{12}$

$\frac{1}{4}+\frac{3}{5}+\frac{7}{10}=1\frac{11}{20}$

$\frac{1}{3}+\frac{4}{9}+1\frac{3}{8}=2\frac{11}{72}$

$2\frac{1}{2}+\frac{3}{8}+\frac{6}{7}=3\frac{41}{56}$

$1\frac{1}{2}+2\frac{2}{3}+3\frac{5}{8}=7\frac{19}{24}$

$2\frac{5}{6}+2\frac{1}{2}+\frac{1}{9}=5\frac{4}{9}$

$3\frac{2}{3}+1\frac{3}{4}+1\frac{4}{5}=7\frac{13}{60}$

2주 월 일

분수의 덧셈을 하세요.

$\frac{1}{3}+\frac{5}{6}+\frac{2}{7}=1\frac{19}{42}$

$\frac{2}{3}+\frac{11}{12}+\frac{2}{5}=1\frac{59}{60}$

$\frac{1}{6}+2\frac{1}{2}+\frac{7}{8}=3\frac{13}{24}$

$4\frac{3}{4}+\frac{2}{3}+\frac{5}{9}=5\frac{35}{36}$

$\frac{1}{3}+2\frac{1}{4}+2\frac{1}{5}=4\frac{47}{60}$

$1\frac{2}{3}+2\frac{1}{4}+2\frac{4}{5}=6\frac{43}{60}$

$1\frac{5}{7}+2\frac{1}{14}+2\frac{3}{5}=6\frac{27}{70}$

P 34 ~ 35

정답

P 36 ~ 37

4일차 세 분수의 덧셈 (2)

다음과 같이 세 분수를 한꺼번에 통분하여 덧셈을 하세요.

$\frac{3}{5}+\frac{2}{3}+\frac{1}{2}=\frac{18}{30}+\frac{20}{30}+\frac{15}{30}=\frac{53}{30}=1\frac{23}{30}$

5, 3, 2의 최소공배수

$\frac{1}{2}+\frac{2}{5}+\frac{3}{10}=\frac{5}{10}+\frac{4}{10}+\frac{3}{10}=\frac{12}{10}=1\frac{2}{10}=1\frac{1}{5}$

$\frac{5}{8}+\frac{1}{3}+\frac{1}{2}=\frac{15}{24}+\frac{8}{24}+\frac{12}{24}=\frac{35}{24}=1\frac{11}{24}$

8, 3, 2의 최소공배수 : 24

$$\begin{array}{r|rrr} 2 & 8 & 3 & 2 \\ \hline & 4 & 3 & 1 \end{array}$$

$1\frac{1}{4}+2\frac{1}{6}+2\frac{3}{5}=1\frac{15}{60}+2\frac{10}{60}+2\frac{36}{60}$

$=5\frac{61}{60}=6\frac{1}{60}$

TIP
세 분모의 최소공배수를 공통분모로 하여 통분한 후 통분한 분모는 그대로 두고 분자끼리 더하면 됩니다.

36 소마셈 - D6

분수의 덧셈을 하세요.

$\frac{1}{2}+\frac{7}{8}+\frac{1}{4}=1\frac{5}{8}$

$\frac{1}{3}+\frac{5}{6}+\frac{7}{15}=1\frac{19}{30}$

$1\frac{3}{4}+\frac{5}{6}+\frac{1}{8}=2\frac{17}{24}$

$\frac{1}{5}+\frac{3}{7}+2\frac{5}{6}=3\frac{97}{210}$

$\frac{1}{3}+1\frac{3}{4}+4\frac{3}{5}=6\frac{41}{60}$

$3\frac{2}{3}+2\frac{3}{7}+2\frac{1}{14}=8\frac{1}{6}$

$5\frac{1}{5}+1\frac{3}{4}+2\frac{7}{10}=9\frac{13}{20}$

2주 - 세 분수의 덧셈과 뺄셈 (1) 37

P 38 ~ 39

분수의 덧셈을 하세요.

$\frac{1}{3}+\frac{5}{6}+\frac{5}{9}=1\frac{13}{18}$

$\frac{1}{2}+\frac{3}{8}+\frac{2}{5}=1\frac{11}{40}$

$\frac{2}{9}+3\frac{2}{3}+\frac{5}{18}=4\frac{1}{6}$

$\frac{1}{3}+\frac{1}{5}+2\frac{9}{15}=3\frac{2}{15}$

$5\frac{1}{2}+2\frac{1}{3}+\frac{1}{4}=8\frac{1}{12}$

$1\frac{4}{5}+\frac{1}{2}+2\frac{3}{20}=4\frac{9}{20}$

$1\frac{1}{4}+2\frac{5}{12}+2\frac{5}{7}=6\frac{8}{21}$

38 소마셈 - D6

5일차 분수 덧셈 퍼즐

대각선으로 연결된 세 수의 합이 모두 같도록 빈 곳에 알맞은 수를 써넣으세요.

$\frac{1}{3}$		$\frac{1}{6}$
	$2\frac{3}{4}$	
$\frac{2}{3}$		$\frac{1}{2}$

→ $\frac{2}{3}+2\frac{3}{4}+\frac{1}{6}=3\frac{7}{12}$

→ $3\frac{7}{12}-\frac{1}{3}-2\frac{3}{4}=\frac{1}{2}$

$\frac{2}{5}$		$\frac{9}{10}$
	$\frac{7}{10}$	
$\frac{1}{3}$		$\frac{5}{6}$

$\frac{7}{18}$		$\frac{5}{6}$
	$1\frac{1}{8}$	
$\frac{2}{9}$		$\frac{2}{3}$

$1\frac{7}{12}$		$\frac{4}{9}$
	$4\frac{3}{7}$	
$1\frac{5}{12}$		$\frac{5}{18}$

$2\frac{3}{4}$		$2\frac{9}{14}$
	$2\frac{1}{5}$	
$2\frac{5}{7}$		$2\frac{17}{28}$

2주 - 세 분수의 덧셈과 뺄셈 (1) 39

P 40

2주 월 일

대각선으로 연결된 세 수의 합이 모두 같도록 빈 곳에 알맞은 수를 써넣으세요.

$\frac{7}{8}$		$\frac{5}{12}$
	$\frac{5}{6}$	
$\frac{49}{72}$		$\frac{2}{9}$

$1\frac{3}{4}$		$5\frac{3}{8}$
	$3\frac{1}{7}$	
$\frac{1}{2}$		$4\frac{1}{8}$

$\frac{5}{6}$		$1\frac{19}{60}$
	$1\frac{2}{9}$	
$\frac{1}{10}$		$\frac{7}{12}$

$\frac{2}{5}$		$\frac{1}{3}$
	$4\frac{3}{4}$	
$1\frac{7}{30}$		$1\frac{1}{6}$

$\frac{1}{18}$		$\frac{1}{6}$
	$\frac{11}{15}$	
$\frac{2}{9}$		$\frac{1}{3}$

$5\frac{1}{2}$		$2\frac{3}{7}$
	$5\frac{3}{4}$	
$3\frac{5}{28}$		$\frac{3}{28}$

1일차 세 분수의 뺄셈 (1)

다음과 같이 앞에서부터 두 분수씩 차례로 계산하여 뺄셈을 하세요.

$$\frac{2}{3}-\frac{1}{2}-\frac{1}{8}=\left(\frac{4}{6}-\frac{3}{6}\right)-\frac{1}{8}=\frac{1}{6}-\frac{1}{8}=\frac{4}{24}-\frac{3}{24}=\frac{1}{24}$$

$$\frac{5}{6}-\frac{1}{3}-\frac{1}{4}=\left(\frac{5}{6}-\frac{2}{6}\right)-\frac{1}{4}=\frac{3}{6}-\frac{1}{4}=\frac{6}{12}-\frac{3}{12}=\frac{3}{12}=\frac{1}{4}$$

$$3\frac{3}{4}-1\frac{1}{12}-2\frac{1}{8}=\left(3\frac{9}{12}-1\frac{1}{12}\right)-2\frac{1}{8}=2\frac{8}{12}-2\frac{1}{8}=2\frac{16}{24}-2\frac{3}{24}=\frac{13}{24}$$

TIP
세 분수의 뺄셈에서는 빼는 순서가 바뀌면 계산 결과가 달라지므로 반드시 앞에서부터 차례로 계산해야 합니다.

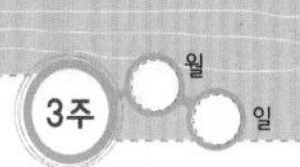

P 42 ~ 43

분수의 뺄셈을 하세요.

$\frac{1}{2}-\frac{1}{3}-\frac{1}{9}=\frac{1}{18}$

$\frac{2}{3}-\frac{1}{2}-\frac{1}{8}=\frac{1}{24}$

$1\frac{5}{6}-\frac{1}{3}-\frac{2}{9}=1\frac{5}{18}$

$2\frac{4}{5}-\frac{1}{3}-\frac{4}{15}=2\frac{1}{5}$

$3\frac{3}{4}-1\frac{1}{6}-\frac{1}{12}=2\frac{1}{2}$

$3\frac{1}{2}-\frac{1}{6}-2\frac{1}{9}=1\frac{2}{9}$

$3\frac{3}{6}-1\frac{1}{3}-2\frac{1}{18}=\frac{1}{9}$

P 44 ~ 45

분수의 뺄셈을 하세요.

$\frac{2}{3} - \frac{1}{5} - \frac{1}{4} = \frac{13}{60}$

$\frac{5}{6} - \frac{1}{9} - \frac{1}{15} = \frac{59}{90}$

$2\frac{1}{2} - \frac{1}{9} - \frac{1}{14} = 2\frac{20}{63}$

$4\frac{3}{4} - \frac{1}{5} - \frac{1}{10} = 4\frac{9}{20}$

$3\frac{2}{3} - 1\frac{1}{9} - \frac{5}{12} = 2\frac{5}{36}$

$5\frac{3}{5} - 1\frac{1}{10} - 2\frac{3}{20} = 2\frac{7}{20}$

$7\frac{5}{6} - 3\frac{1}{7} - 1\frac{1}{2} = 3\frac{4}{21}$

세 분수의 뺄셈 (2)

다음과 같이 세 분수를 한꺼번에 통분하여 뺄셈을 하세요.

$\frac{2}{3} - \frac{1}{2} - \frac{1}{8} = \frac{16}{24} - \frac{12}{24} - \frac{3}{24} = \frac{1}{24}$

3, 2, 8의 최소공배수

$\frac{7}{9} - \frac{1}{3} - \frac{1}{6} = \frac{14}{18} - \frac{6}{18} - \frac{3}{18} = \frac{5}{18}$

$\frac{2}{3} - \frac{1}{5} - \frac{1}{6} = \frac{20}{30} - \frac{6}{30} - \frac{5}{30} = \frac{9}{30} = \frac{3}{10}$

3, 5, 6의 최소공배수 : 30

3) 3 5 6
　　1 5 2

$4\frac{2}{3} - 1\frac{1}{5} - 1\frac{2}{15} = 4\frac{10}{15} - 1\frac{3}{15} - 1\frac{2}{15}$

$= 2\frac{5}{15} = 2\frac{1}{3}$

TIP

세 분모의 최소공배수를 공통분모로 하여 앞에서부터 차례로 빼면 됩니다.

P 46 ~ 47

분수의 뺄셈을 하세요.

$\frac{5}{6} - \frac{2}{3} - \frac{1}{8} = \frac{1}{24}$

$\frac{1}{2} - \frac{1}{5} - \frac{1}{10} = \frac{1}{5}$

$4\frac{2}{3} - \frac{1}{5} - \frac{1}{15} = 4\frac{2}{5}$

$1\frac{2}{3} - \frac{1}{4} - \frac{3}{5} = \frac{49}{60}$

$3\frac{3}{4} - 1\frac{1}{7} - \frac{3}{8} = 2\frac{13}{56}$

$5\frac{1}{3} - 1\frac{3}{10} - 2\frac{4}{15} = 1\frac{23}{30}$

$7\frac{5}{9} - 3\frac{7}{12} - 1\frac{5}{18} = 2\frac{25}{36}$

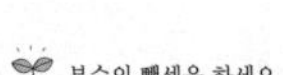

분수의 뺄셈을 하세요.

$\frac{7}{8} - \frac{1}{2} - \frac{1}{6} = \frac{5}{24}$

$\frac{8}{9} - \frac{1}{3} - \frac{2}{5} = \frac{7}{45}$

$3\frac{5}{6} - \frac{5}{12} - \frac{1}{4} = 3\frac{1}{6}$

$2\frac{1}{2} - \frac{5}{18} - \frac{1}{9} = 2\frac{1}{9}$

$8\frac{8}{9} - \frac{1}{3} - 3\frac{2}{5} = 5\frac{7}{45}$

$6\frac{7}{15} - 2\frac{1}{5} - 2\frac{1}{18} = 2\frac{19}{90}$

$7\frac{1}{2} - 3\frac{5}{6} - 1\frac{5}{12} = 2\frac{1}{4}$

3일차 세 분수의 덧셈과 뺄셈 (1)

다음과 같이 앞에서부터 두 분수씩 차례로 계산하여 세 분수의 덧셈과 뺄셈을 하세요.

$$\frac{6}{7}+\frac{3}{4}-\frac{1}{2}=\left(\frac{24}{28}+\frac{21}{28}\right)-\frac{1}{2}=\frac{45}{28}-\frac{1}{2}$$
$$=\frac{45}{28}-\frac{14}{28}=\frac{31}{28}=1\frac{3}{28}$$

$$\frac{4}{5}+\frac{1}{2}-\frac{3}{7}=\left(\frac{8}{10}+\frac{5}{10}\right)-\frac{3}{7}=\frac{13}{10}-\frac{3}{7}$$
$$=\frac{91}{70}-\frac{30}{70}=\frac{61}{70}$$

$$5\frac{3}{8}-1\frac{1}{9}+2\frac{5}{12}=\left(5\frac{27}{72}-1\frac{8}{72}\right)+2\frac{5}{12}$$
$$=4\frac{19}{72}+2\frac{5}{12}$$
$$=4\frac{19}{72}+2\frac{30}{72}=6\frac{49}{72}$$

TIP

세 분수의 혼합계산은 세 분수의 뺄셈과 같이 앞에서부터 차례로 두 분수씩 계산합니다. 순서를 바꾸어 계산하면 계산 결과가 달라지거나 계산이 되지 않는 경우가 생기므로 순서에 주의하여 계산합니다.

다음을 계산하세요.

$$\frac{3}{8}+\frac{1}{2}-\frac{2}{3}=\frac{5}{24}$$

$$1\frac{2}{3}+\frac{7}{12}-\frac{2}{9}=2\frac{1}{36}$$

$$2\frac{2}{5}-\frac{1}{4}+\frac{3}{8}=2\frac{21}{40}$$

$$\frac{2}{3}-\frac{5}{21}+\frac{5}{9}=\frac{62}{63}$$

$$3\frac{3}{4}-1\frac{1}{6}+\frac{2}{3}=3\frac{1}{4}$$

$$1\frac{3}{5}+4\frac{1}{2}-\frac{2}{7}=5\frac{57}{70}$$

$$5\frac{3}{4}+2\frac{1}{9}-2\frac{7}{12}=5\frac{5}{18}$$

다음을 계산하세요.

$$\frac{3}{4}+\frac{3}{5}-\frac{3}{10}=1\frac{1}{20}$$

$$\frac{2}{9}-\frac{1}{6}+\frac{1}{3}=\frac{7}{18}$$

$$2\frac{7}{8}-\frac{5}{12}+\frac{2}{9}=2\frac{49}{72}$$

$$1\frac{4}{5}+\frac{1}{9}-\frac{3}{15}=1\frac{32}{45}$$

$$4\frac{3}{4}-\frac{2}{5}+2\frac{5}{6}=7\frac{11}{60}$$

$$5\frac{1}{3}-1\frac{7}{12}+3\frac{2}{15}=6\frac{53}{60}$$

$$2\frac{1}{2}+3\frac{7}{18}-2\frac{2}{9}=3\frac{2}{3}$$

4일차 세 분수의 덧셈과 뺄셈 (2)

다음과 같이 세 분수를 한꺼번에 통분하여 세 분수의 덧셈과 뺄셈을 하세요.

$$\frac{3}{5}+\frac{1}{4}-\frac{2}{3}=\frac{36}{60}+\frac{15}{60}-\frac{40}{60}=\frac{11}{60}$$
5, 4, 3의 최소공배수

$$\frac{1}{4}+\frac{3}{8}-\frac{1}{12}=\frac{6}{24}+\frac{9}{24}-\frac{2}{24}=\frac{13}{24}$$

$$\frac{1}{2}-\frac{1}{8}+\frac{2}{3}=\frac{12}{24}-\frac{3}{24}+\frac{16}{24}=\frac{25}{24}=1\frac{1}{24}$$

2, 8, 3의 최소공배수 : 24

2) 2 8 3
1 4 3

$$2\frac{2}{3}+1\frac{5}{12}-1\frac{2}{9}=2\frac{24}{36}+1\frac{15}{36}-1\frac{8}{36}=2\frac{31}{36}$$

3, 12, 9의 최소공배수 : 36

3) 3 12 9
1 4 3

P 52 ~ 53

다음을 계산하세요.

$\frac{7}{8}-\frac{1}{4}+\frac{2}{3}=1\frac{7}{24}$

$\frac{4}{5}+\frac{1}{6}-\frac{2}{15}=\frac{5}{6}$

$2\frac{5}{6}-\frac{1}{3}+\frac{3}{8}=2\frac{7}{8}$

$3\frac{4}{7}+\frac{5}{8}-\frac{1}{28}=4\frac{9}{56}$

$4\frac{3}{5}-3\frac{1}{3}+4\frac{1}{6}=5\frac{13}{30}$

$3\frac{3}{5}+\frac{1}{2}-2\frac{3}{7}=1\frac{47}{70}$

$1\frac{5}{6}+7\frac{7}{10}-3\frac{1}{12}=6\frac{9}{20}$

3주 월 일

다음을 계산하세요.

$\frac{3}{4}+\frac{9}{20}-\frac{2}{5}=\frac{4}{5}$

$\frac{5}{6}-\frac{1}{9}+\frac{7}{15}=1\frac{17}{90}$

$3\frac{4}{5}-\frac{1}{40}+\frac{5}{8}=4\frac{2}{5}$

$\frac{7}{8}+1\frac{2}{3}-\frac{5}{18}=2\frac{19}{72}$

$2\frac{3}{4}+5\frac{5}{7}-\frac{9}{14}=7\frac{23}{28}$

$3\frac{5}{9}-2\frac{1}{5}+4\frac{8}{15}=5\frac{8}{9}$

$2\frac{1}{3}-1\frac{7}{12}+6\frac{2}{15}=6\frac{53}{60}$

P 54 ~ 55

5일차 분수 덧셈 뺄셈 퍼즐

알맞은 계산 결과를 찾아 선으로 이어 보세요.

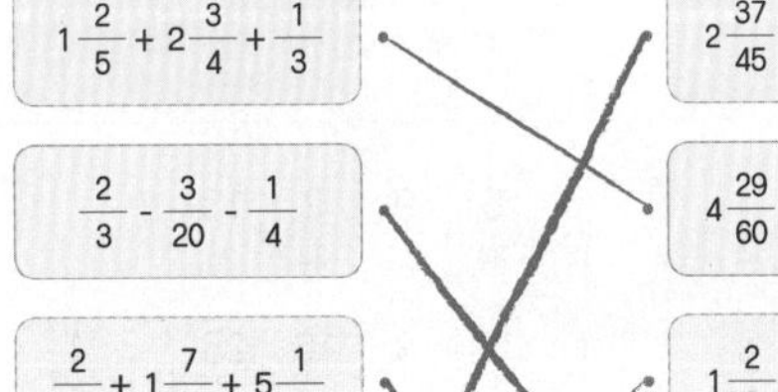

$1\frac{2}{5}+2\frac{3}{4}+\frac{1}{3}$	$2\frac{37}{45}$
$\frac{2}{3}-\frac{3}{20}-\frac{1}{4}$	$4\frac{29}{60}$
$\frac{2}{3}+1\frac{7}{9}+5\frac{1}{6}$	$1\frac{2}{9}$
$5\frac{8}{9}+\frac{1}{3}-3\frac{2}{5}$	$\frac{4}{15}$
$4\frac{5}{9}-3\frac{3}{5}+\frac{4}{15}$	$7\frac{11}{18}$
$4\frac{3}{7}+4\frac{1}{6}-1\frac{9}{14}$	$6\frac{20}{21}$

3주 월 일

알맞은 계산 결과를 찾아 선으로 이어 보세요.

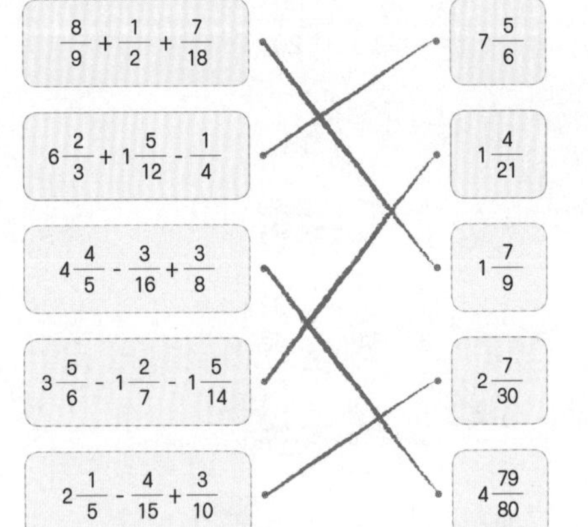

$\frac{8}{9}+\frac{1}{2}+\frac{7}{18}$	$7\frac{5}{6}$
$6\frac{2}{3}+1\frac{5}{12}-\frac{1}{4}$	$1\frac{4}{21}$
$4\frac{4}{5}-\frac{3}{16}+\frac{3}{8}$	$1\frac{7}{9}$
$3\frac{5}{6}-1\frac{2}{7}-1\frac{5}{14}$	$2\frac{7}{30}$
$2\frac{1}{5}-\frac{4}{15}+\frac{3}{10}$	$4\frac{79}{80}$
$4\frac{3}{8}-\frac{5}{12}-\frac{2}{9}$	$3\frac{53}{72}$

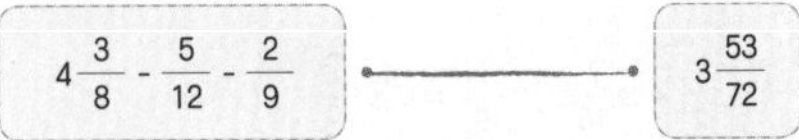

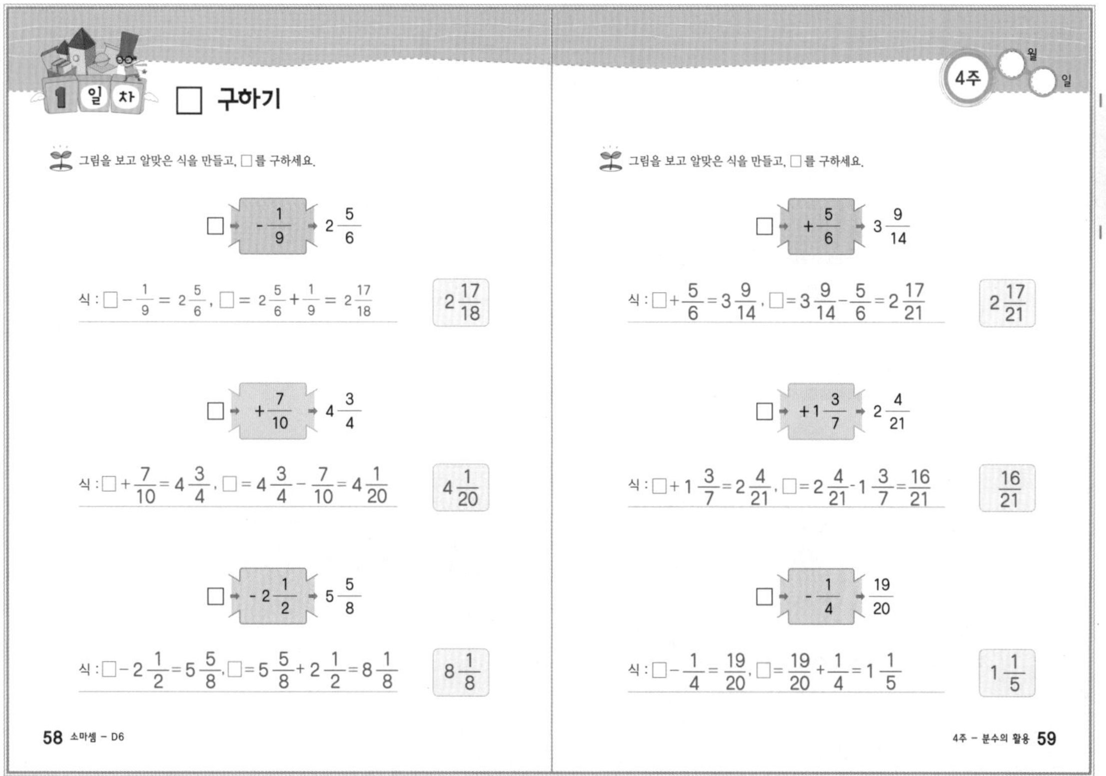

1일차 □ 구하기

그림을 보고 알맞은 식을 만들고, □를 구하세요.

□ → $-\frac{1}{9}$ → $2\frac{5}{6}$

식 : $\square - \frac{1}{9} = 2\frac{5}{6}$, $\square = 2\frac{5}{6} + \frac{1}{9} = 2\frac{17}{18}$ $2\frac{17}{18}$

□ → $+\frac{7}{10}$ → $4\frac{3}{4}$

식 : $\square + \frac{7}{10} = 4\frac{3}{4}$, $\square = 4\frac{3}{4} - \frac{7}{10} = 4\frac{1}{20}$ $4\frac{1}{20}$

□ → $-2\frac{1}{2}$ → $5\frac{5}{8}$

식 : $\square - 2\frac{1}{2} = 5\frac{5}{8}$, $\square = 5\frac{5}{8} + 2\frac{1}{2} = 8\frac{1}{8}$ $8\frac{1}{8}$

58 소마셈 - D6

4주 월 일

그림을 보고 알맞은 식을 만들고, □를 구하세요.

□ → $+\frac{5}{6}$ → $3\frac{9}{14}$

식 : $\square + \frac{5}{6} = 3\frac{9}{14}$, $\square = 3\frac{9}{14} - \frac{5}{6} = 2\frac{17}{21}$ $2\frac{17}{21}$

□ → $+1\frac{3}{7}$ → $2\frac{4}{21}$

식 : $\square + 1\frac{3}{7} = 2\frac{4}{21}$, $\square = 2\frac{4}{21} - 1\frac{3}{7} = \frac{16}{21}$ $\frac{16}{21}$

□ → $-\frac{1}{4}$ → $\frac{19}{20}$

식 : $\square - \frac{1}{4} = \frac{19}{20}$, $\square = \frac{19}{20} + \frac{1}{4} = 1\frac{1}{5}$ $1\frac{1}{5}$

4주 - 분수의 활용 59

P 58 ~ 59

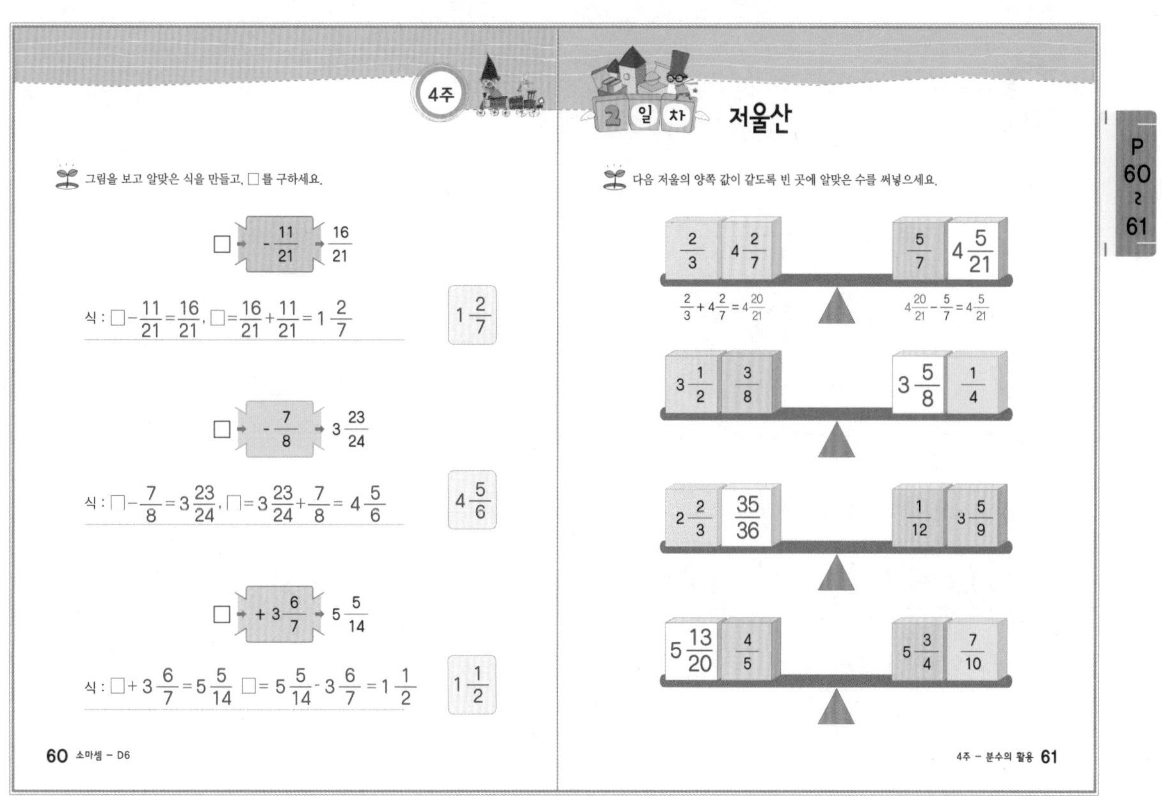

4주

그림을 보고 알맞은 식을 만들고, □를 구하세요.

□ → $-\frac{11}{21}$ → $\frac{16}{21}$

식 : $\square - \frac{11}{21} = \frac{16}{21}$, $\square = \frac{16}{21} + \frac{11}{21} = 1\frac{2}{7}$ $1\frac{2}{7}$

□ → $-\frac{7}{8}$ → $3\frac{23}{24}$

식 : $\square - \frac{7}{8} = 3\frac{23}{24}$, $\square = 3\frac{23}{24} + \frac{7}{8} = 4\frac{5}{6}$ $4\frac{5}{6}$

□ → $+3\frac{6}{7}$ → $5\frac{5}{14}$

식 : $\square + 3\frac{6}{7} = 5\frac{5}{14}$ $\square = 5\frac{5}{14} - 3\frac{6}{7} = 1\frac{1}{2}$ $1\frac{1}{2}$

60 소마셈 - D6

2일차 저울산

다음 저울의 양쪽 값이 같도록 빈 곳에 알맞은 수를 써넣으세요.

$\frac{2}{3}$, $4\frac{2}{7}$ | $\frac{5}{7}$, $4\frac{5}{21}$

$\frac{2}{3} + 4\frac{2}{7} = 4\frac{20}{21}$ $4\frac{20}{21} - \frac{5}{7} = 4\frac{5}{21}$

$3\frac{1}{2}$, $\frac{3}{8}$ | $3\frac{5}{8}$, $\frac{1}{4}$

$2\frac{2}{3}$, $\frac{35}{36}$ | $\frac{1}{12}$, $3\frac{5}{9}$

$5\frac{13}{20}$, $\frac{4}{5}$ | $5\frac{3}{4}$, $\frac{7}{10}$

4주 - 분수의 활용 61

P 60 ~ 61

P 62 ~ 63

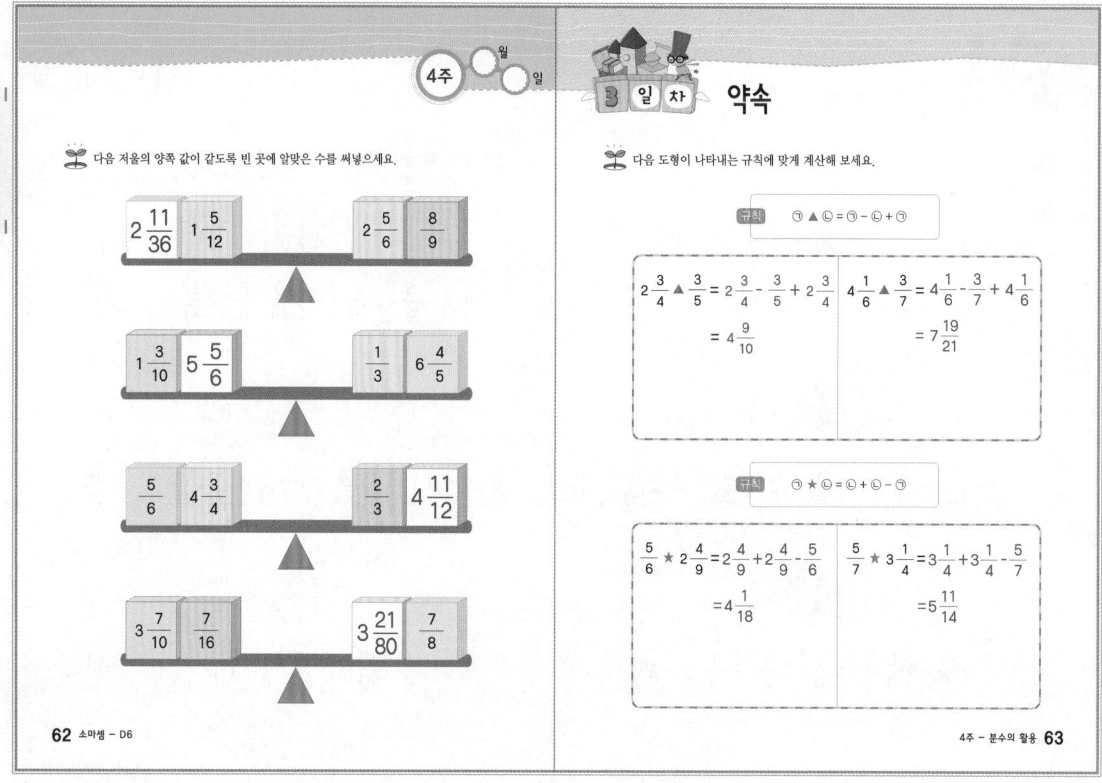

4주 월 일

다음 저울의 양쪽 값이 같도록 빈 곳에 알맞은 수를 써넣으세요.

$2\frac{11}{36}$, $1\frac{5}{12}$ | $2\frac{5}{6}$, $\frac{8}{9}$

$1\frac{3}{10}$, $5\frac{5}{6}$ | $\frac{1}{3}$, $6\frac{4}{5}$

$\frac{5}{6}$, $4\frac{3}{4}$ | $\frac{2}{3}$, $4\frac{11}{12}$

$3\frac{7}{10}$, $\frac{7}{16}$ | $3\frac{21}{80}$, $\frac{7}{8}$

62 소마셈 - D6

3일차 약속

다음 도형이 나타내는 규칙에 맞게 계산해 보세요.

규칙 ㉠▲㉡=㉠-㉡+㉠

$2\frac{3}{4}▲\frac{3}{5}=2\frac{3}{4}-\frac{3}{5}+2\frac{3}{4}=4\frac{9}{10}$

$4\frac{1}{6}▲\frac{3}{7}=4\frac{1}{6}-\frac{3}{7}+4\frac{1}{6}=7\frac{19}{21}$

규칙 ㉠★㉡=㉡+㉡-㉠

$\frac{5}{6}★2\frac{4}{9}=2\frac{4}{9}+2\frac{4}{9}-\frac{5}{6}=4\frac{1}{18}$

$\frac{5}{7}★3\frac{1}{4}=3\frac{1}{4}+3\frac{1}{4}-\frac{5}{7}=5\frac{11}{14}$

4주 - 분수의 활용 63

P 64 ~ 65

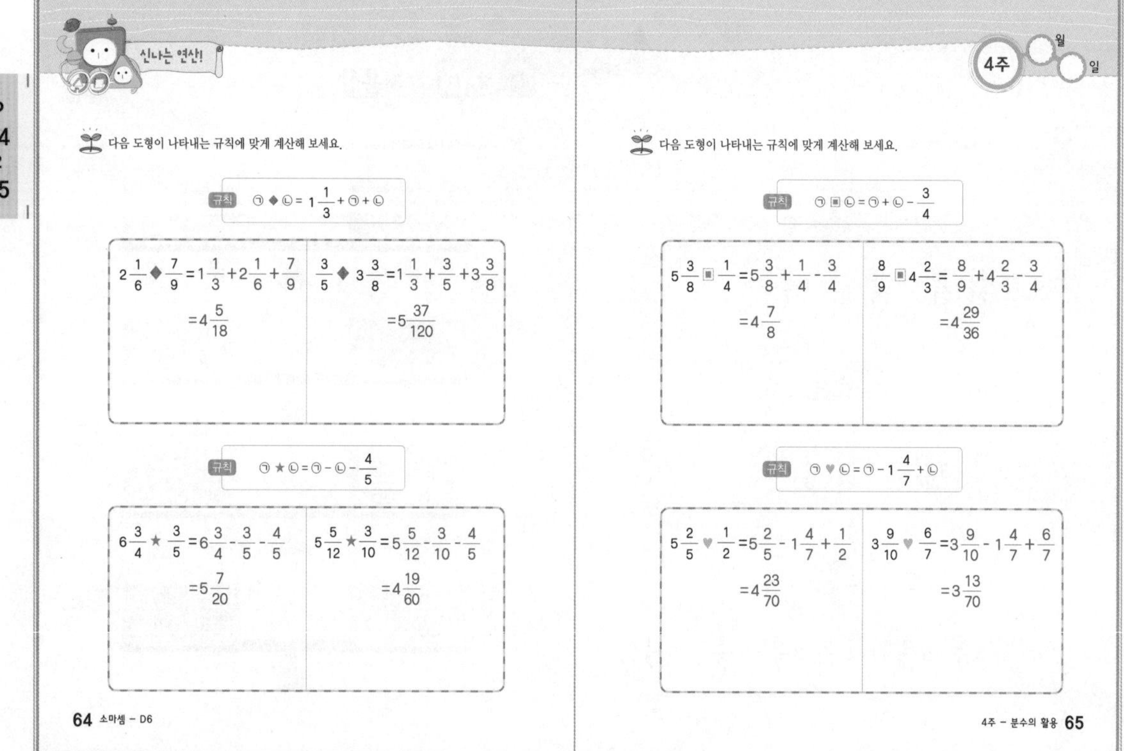

신나는 연산!

다음 도형이 나타내는 규칙에 맞게 계산해 보세요.

규칙 ㉠◆㉡=$1\frac{1}{3}$+㉠+㉡

$2\frac{1}{6}◆\frac{7}{9}=1\frac{1}{3}+2\frac{1}{6}+\frac{7}{9}=4\frac{5}{18}$

$\frac{3}{5}◆3\frac{3}{8}=1\frac{1}{3}+\frac{3}{5}+3\frac{3}{8}=5\frac{37}{120}$

규칙 ㉠★㉡=㉠-㉡-$\frac{4}{5}$

$6\frac{3}{4}★\frac{3}{5}=6\frac{3}{4}-\frac{3}{5}-\frac{4}{5}=5\frac{7}{20}$

$5\frac{5}{12}★\frac{3}{10}=5\frac{5}{12}-\frac{3}{10}-\frac{4}{5}=4\frac{19}{60}$

64 소마셈 - D6

4주 월 일

다음 도형이 나타내는 규칙에 맞게 계산해 보세요.

규칙 ㉠▣㉡=㉠+㉡-$\frac{3}{4}$

$5\frac{3}{8}▣\frac{1}{4}=5\frac{3}{8}+\frac{1}{4}-\frac{3}{4}=4\frac{7}{8}$

$\frac{8}{9}▣4\frac{2}{3}=\frac{8}{9}+4\frac{2}{3}-\frac{3}{4}=4\frac{29}{36}$

규칙 ㉠♥㉡=㉠-$1\frac{4}{7}$+㉡

$5\frac{2}{5}♥\frac{1}{2}=5\frac{2}{5}-1\frac{4}{7}+\frac{1}{2}=4\frac{23}{70}$

$3\frac{9}{10}♥\frac{6}{7}=3\frac{9}{10}-1\frac{4}{7}+\frac{6}{7}=3\frac{13}{70}$

4주 - 분수의 활용 65

4일차 수직선

4주 월 일

P 66 ~ 67

□ 안에 알맞은 수를 써넣으세요.

$\frac{7}{9}$, $\frac{11}{12}$, $\frac{2}{3}$ → $1\frac{1}{36}$

$\frac{7}{9}+\frac{11}{12}-\frac{2}{3}=1\frac{1}{36}$

$4\frac{1}{3}$, $\frac{5}{6}$, $\frac{19}{24}$ → $4\frac{3}{8}$

$3\frac{5}{8}$, $1\frac{3}{4}$, $\frac{9}{10}$ → $4\frac{19}{40}$

□ 안에 알맞은 수를 써넣으세요.

$4\frac{41}{120}$, $\frac{5}{8}$, $\frac{1}{6}$, $4\frac{4}{5}$

$\frac{5}{6}$, $3\frac{1}{2}$, $\frac{3}{4}$, $3\frac{7}{12}$

$4\frac{4}{15}$, $2\frac{4}{5}$, $2\frac{1}{3}$ → $\frac{13}{15}$

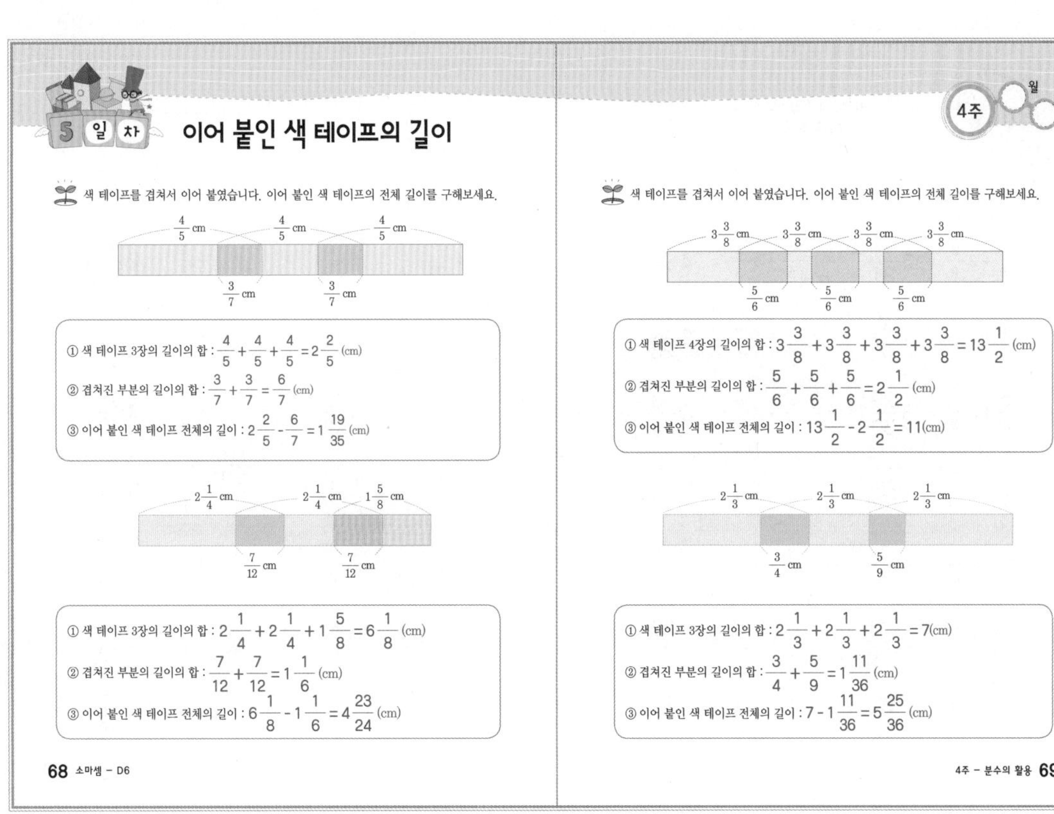

5일차 이어 붙인 색 테이프의 길이

4주 월 일

P 68 ~ 69

색 테이프를 겹쳐서 이어 붙였습니다. 이어 붙인 색 테이프의 전체 길이를 구해보세요.

① 색 테이프 3장의 길이의 합 : $\frac{4}{5}+\frac{4}{5}+\frac{4}{5}=2\frac{2}{5}$ (cm)

② 겹쳐진 부분의 길이의 합 : $\frac{3}{7}+\frac{3}{7}=\frac{6}{7}$ (cm)

③ 이어 붙인 색 테이프 전체의 길이 : $2\frac{2}{5}-\frac{6}{7}=1\frac{19}{35}$ (cm)

① 색 테이프 3장의 길이의 합 : $2\frac{1}{4}+2\frac{1}{4}+1\frac{5}{8}=6\frac{1}{8}$ (cm)

② 겹쳐진 부분의 길이의 합 : $\frac{7}{12}+\frac{7}{12}=1\frac{1}{6}$ (cm)

③ 이어 붙인 색 테이프 전체의 길이 : $6\frac{1}{8}-1\frac{1}{6}=4\frac{23}{24}$ (cm)

색 테이프를 겹쳐서 이어 붙였습니다. 이어 붙인 색 테이프의 전체 길이를 구해보세요.

① 색 테이프 4장의 길이의 합 : $3\frac{3}{8}+3\frac{3}{8}+3\frac{3}{8}+3\frac{3}{8}=13\frac{1}{2}$ (cm)

② 겹쳐진 부분의 길이의 합 : $\frac{5}{6}+\frac{5}{6}+\frac{5}{6}=2\frac{1}{2}$ (cm)

③ 이어 붙인 색 테이프 전체의 길이 : $13\frac{1}{2}-2\frac{1}{2}=11$(cm)

① 색 테이프 3장의 길이의 합 : $2\frac{1}{3}+2\frac{1}{3}+2\frac{1}{3}=7$(cm)

② 겹쳐진 부분의 길이의 합 : $\frac{3}{4}+\frac{5}{9}=1\frac{11}{36}$ (cm)

③ 이어 붙인 색 테이프 전체의 길이 : $7-1\frac{11}{36}=5\frac{25}{36}$ (cm)

P 70

색 테이프를 겹쳐서 이어 붙였습니다. 이어 붙인 색 테이프의 전체 길이를 구해보세요.

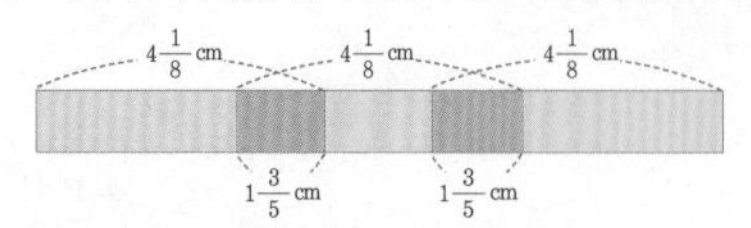

① 색 테이프 3장의 길이의 합 : $4\frac{1}{8}+4\frac{1}{8}+4\frac{1}{8}=12\frac{3}{8}$ (cm)

② 겹쳐진 부분의 길이의 합 : $1\frac{3}{5}+1\frac{3}{5}=3\frac{1}{5}$ (cm)

③ 이어 붙인 색 테이프 전체의 길이 : $12\frac{3}{8}-3\frac{1}{5}=9\frac{7}{40}$ (cm)

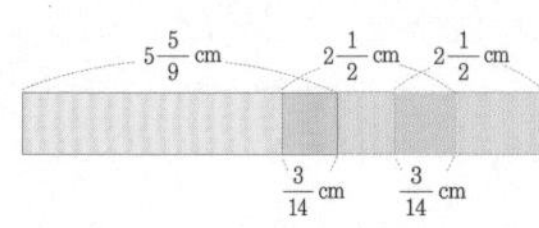

① 색 테이프 3장의 길이의 합 : $5\frac{5}{9}+2\frac{1}{2}+2\frac{1}{2}=10\frac{5}{9}$ (cm)

② 겹쳐진 부분의 길이의 합 : $\frac{3}{14}+\frac{3}{14}=\frac{3}{7}$ (cm)

③ 이어 붙인 색 테이프 전체의 길이 : $10\frac{5}{9}-\frac{3}{7}=10\frac{8}{63}$ (cm)

70 소마셈 – D6

P 72 ~ 73

대분수와 진분수의 덧셈과 뺄셈

분수의 덧셈을 하세요.

$\frac{6}{7}+2\frac{2}{3}=3\frac{11}{21}$

$\frac{6}{21}+1\frac{2}{7}=1\frac{4}{7}$

$\frac{3}{10}+3\frac{2}{3}=3\frac{29}{30}$

$\frac{1}{8}+1\frac{1}{13}=1\frac{21}{104}$

$3\frac{3}{4}+\frac{5}{12}=4\frac{1}{6}$

$2\frac{5}{9}+\frac{5}{14}=2\frac{115}{126}$

$1\frac{3}{10}+\frac{5}{14}=1\frac{23}{35}$

$\frac{4}{5}+3\frac{1}{3}=4\frac{2}{15}$

$\frac{3}{4}+1\frac{6}{7}=2\frac{17}{28}$

$\frac{4}{7}+3\frac{5}{14}=3\frac{13}{14}$

$\frac{4}{5}+1\frac{9}{10}=2\frac{7}{10}$

$\frac{3}{8}+3\frac{3}{40}=3\frac{9}{20}$

$\frac{6}{7}+2\frac{2}{21}=2\frac{20}{21}$

$\frac{1}{12}+3\frac{7}{16}=3\frac{25}{48}$

72 소마셈 – D6

분수의 덧셈을 하세요.

$4\frac{1}{2}+\frac{5}{6}=5\frac{1}{3}$

$2\frac{1}{4}+\frac{2}{7}=2\frac{15}{28}$

$1\frac{4}{5}+\frac{1}{6}=1\frac{29}{30}$

$5\frac{3}{8}+\frac{7}{12}=5\frac{23}{24}$

$3\frac{1}{8}+\frac{5}{9}=3\frac{49}{72}$

$4\frac{3}{8}+\frac{5}{14}=4\frac{41}{56}$

$5\frac{3}{5}+\frac{7}{10}=6\frac{3}{10}$

$1\frac{5}{7}+\frac{2}{3}=2\frac{8}{21}$

$2\frac{7}{8}+\frac{4}{9}=3\frac{23}{72}$

$3\frac{4}{5}+\frac{5}{8}=4\frac{17}{40}$

$4\frac{1}{4}+\frac{5}{6}=5\frac{1}{12}$

$\frac{1}{4}+4\frac{2}{9}=4\frac{17}{36}$

$\frac{3}{20}+5\frac{3}{8}=5\frac{21}{40}$

$\frac{1}{6}+3\frac{3}{16}=3\frac{17}{48}$

Drill – 보충학습 73

P 74 ~ 75

분수의 뺄셈을 하세요.

$3\frac{3}{8}-\frac{1}{3}=3\frac{1}{24}$

$2\frac{5}{6}-\frac{3}{4}=2\frac{1}{12}$

$1\frac{2}{5}-\frac{5}{6}=\frac{17}{30}$

$3\frac{7}{10}-\frac{6}{7}=2\frac{59}{70}$

$5\frac{1}{7}-\frac{2}{5}=4\frac{26}{35}$

$2\frac{1}{2}-\frac{3}{17}=2\frac{11}{34}$

$5\frac{3}{4}-\frac{1}{16}=5\frac{11}{16}$

$4\frac{4}{8}-\frac{1}{9}=4\frac{7}{18}$

$3\frac{4}{7}-\frac{3}{10}=3\frac{19}{70}$

$5\frac{1}{6}-\frac{3}{8}=4\frac{19}{24}$

$5\frac{5}{11}-\frac{2}{5}=5\frac{3}{55}$

$2\frac{7}{20}-\frac{1}{2}=1\frac{17}{20}$

$3\frac{9}{10}-\frac{3}{20}=3\frac{3}{4}$

$2\frac{2}{6}-\frac{3}{28}=2\frac{19}{84}$

분수의 뺄셈을 하세요.

$2\frac{2}{3}-\frac{1}{9}=2\frac{5}{9}$

$4\frac{1}{12}-\frac{5}{6}=3\frac{1}{4}$

$2\frac{5}{6}-\frac{7}{8}=1\frac{23}{24}$

$3\frac{1}{24}-\frac{1}{3}=2\frac{17}{24}$

$5\frac{4}{35}-\frac{4}{5}=4\frac{11}{35}$

$4\frac{3}{8}-\frac{7}{18}=3\frac{71}{72}$

$3\frac{7}{20}-\frac{9}{30}=3\frac{1}{20}$

$1\frac{2}{7}-\frac{3}{4}=\frac{15}{28}$

$2\frac{8}{9}-\frac{2}{5}=2\frac{22}{45}$

$2\frac{1}{8}-\frac{3}{16}=1\frac{15}{16}$

$4\frac{1}{2}-\frac{7}{17}=4\frac{3}{34}$

$3\frac{1}{14}-\frac{1}{20}=3\frac{3}{140}$

$4\frac{2}{3}-\frac{2}{15}=4\frac{8}{15}$

$5\frac{3}{8}-\frac{7}{11}=4\frac{65}{88}$

세 분수의 덧셈과 뺄셈 (1)

P 76 ~ 77

세 수의 최소공배수를 구하세요.

(3, 6, 9) ⇒ 3) 3 6 9
1 2 3
⇒ 최소공배수 3×1×2×3=18

(2, 3, 4) ⇒ 2) 2 3 4
1 3 2
⇒ 최소공배수 2×1×3×2=12

(2, 8, 7) ⇒ 2) 2 8 7
1 4 7
⇒ 최소공배수 2×1×4×7=56

(9, 3, 2) ⇒ 3) 9 3 2
3 1 2
⇒ 최소공배수 3×3×1×2=18

(6, 2, 18) ⇒ 2) 6 2 18
3) 3 1 9
1 1 3
⇒ 최소공배수 2×3×1×1×3=18

(5, 4, 20) ⇒ 4) 5 4 20
5) 5 1 5
1 1 1
⇒ 최소공배수 4×5×1×1×1=20

세 수의 최소공배수를 구하세요.

(5, 2, 4) ⇒ 2) 5 2 4
5 1 2
⇒ 최소공배수 2×5×1×2=20

(6, 2, 8) ⇒ 2) 6 2 8
3 1 4
⇒ 최소공배수 2×3×1×4=24

(4, 8, 12) ⇒ 2) 4 8 12
2) 2 4 6
1 2 3
⇒ 최소공배수 2×2×1×2×3=24

(5, 8, 10) ⇒ 2) 5 8 10
5) 5 4 5
1 4 1
⇒ 최소공배수 2×5×1×4×1=40

(2, 9, 16) ⇒ 2) 2 9 16
1 9 8
⇒ 최소공배수 2×1×9×8=144

(6, 8, 20) ⇒ 2) 6 8 20
2) 3 4 10
3 2 5
⇒ 최소공배수 2×2×3×2×5=120

P 78 ~ 79

분수의 덧셈을 하세요.

$\frac{1}{6}+\frac{1}{2}+\frac{7}{8}=1\frac{13}{24}$

$\frac{2}{3}+\frac{1}{12}+\frac{3}{8}=1\frac{1}{8}$

$\frac{1}{6}+\frac{3}{5}+2\frac{1}{4}=3\frac{1}{60}$

$3\frac{3}{4}+\frac{4}{5}+\frac{4}{15}=4\frac{49}{60}$

$\frac{2}{5}+2\frac{7}{10}+2\frac{5}{6}=5\frac{14}{15}$

$1\frac{1}{4}+\frac{5}{8}+2\frac{3}{16}=4\frac{1}{16}$

$1\frac{5}{8}+2\frac{1}{10}+2\frac{3}{20}=5\frac{7}{8}$

분수의 덧셈을 하세요.

$\frac{1}{7}+\frac{5}{6}+\frac{2}{3}=1\frac{9}{14}$

$\frac{4}{5}+\frac{2}{3}+\frac{7}{20}=1\frac{49}{60}$

$\frac{1}{2}+3\frac{5}{6}+\frac{2}{15}=4\frac{7}{15}$

$\frac{2}{9}+\frac{2}{27}+3\frac{1}{3}=3\frac{17}{27}$

$3\frac{5}{8}+4\frac{3}{4}+\frac{1}{12}=8\frac{11}{24}$

$1\frac{1}{2}+\frac{1}{10}+5\frac{7}{20}=6\frac{19}{20}$

$1\frac{1}{6}+2\frac{5}{8}+2\frac{8}{15}=6\frac{13}{40}$

P 80 ~ 81

세 분수의 덧셈과 뺄셈 (2)

분수의 뺄셈을 하세요.

$\frac{5}{6}-\frac{1}{3}-\frac{1}{12}=\frac{5}{12}$

$\frac{9}{10}-\frac{3}{20}-\frac{2}{5}=\frac{7}{20}$

$1\frac{2}{3}-\frac{2}{9}-\frac{1}{4}=1\frac{7}{36}$

$2\frac{3}{4}-\frac{2}{5}-\frac{3}{20}=2\frac{1}{5}$

$3\frac{5}{12}-1\frac{1}{4}-\frac{5}{6}=1\frac{1}{3}$

$4\frac{7}{12}-\frac{1}{6}-2\frac{1}{4}=2\frac{1}{6}$

$3\frac{11}{15}-1\frac{2}{5}-2\frac{3}{10}=\frac{1}{30}$

분수의 뺄셈을 하세요.

$\frac{5}{9}-\frac{1}{12}-\frac{1}{6}=\frac{11}{36}$

$\frac{7}{8}-\frac{1}{4}-\frac{1}{3}=\frac{7}{24}$

$4\frac{9}{10}-\frac{3}{4}-\frac{1}{8}=4\frac{1}{40}$

$6\frac{2}{9}-\frac{1}{3}-\frac{3}{4}=4\frac{5}{36}$

$3\frac{4}{5}-1\frac{1}{15}-\frac{1}{6}=2\frac{17}{30}$

$6\frac{1}{2}-2\frac{2}{5}-1\frac{2}{15}=2\frac{29}{30}$

$4\frac{3}{5}-1\frac{7}{20}-1\frac{1}{8}=2\frac{1}{8}$

P 82 ~ 83

다음을 계산하세요.

$\frac{2}{5}+\frac{1}{2}-\frac{2}{3}=\boxed{\frac{7}{30}}$

$4\frac{1}{6}+\frac{2}{3}-\frac{2}{5}=\boxed{4\frac{13}{30}}$

$2\frac{5}{9}-\frac{1}{12}+\frac{5}{6}=\boxed{3\frac{11}{36}}$

$\frac{11}{20}-\frac{1}{5}+\frac{1}{4}=\boxed{\frac{3}{5}}$

$4\frac{1}{2}-1\frac{1}{10}+\frac{1}{6}=\boxed{3\frac{17}{30}}$

$2\frac{3}{4}+2\frac{1}{12}-\frac{3}{8}=\boxed{4\frac{11}{24}}$

$5\frac{3}{8}+2\frac{3}{4}-1\frac{9}{16}=\boxed{6\frac{9}{16}}$

82 소마셈 - D6

다음을 계산하세요.

$\frac{5}{6}-\frac{1}{3}+\frac{2}{9}=\boxed{\frac{13}{18}}$

$\frac{1}{4}+\frac{7}{12}-\frac{5}{24}=\boxed{\frac{5}{8}}$

$3\frac{2}{3}-\frac{1}{2}+\frac{5}{12}=\boxed{3\frac{7}{12}}$

$3\frac{2}{3}+\frac{3}{10}-\frac{2}{5}=\boxed{3\frac{17}{30}}$

$3\frac{3}{4}-1\frac{8}{16}+3\frac{1}{6}=\boxed{5\frac{5}{12}}$

$4\frac{1}{6}+\frac{7}{9}-2\frac{8}{27}=\boxed{2\frac{35}{54}}$

$6\frac{2}{3}-1\frac{1}{2}+2\frac{1}{12}=\boxed{7\frac{1}{4}}$

Drill - 보충학습 83

P 84 ~ 85

분수의 활용

다음 저울의 양쪽 값이 같도록 빈 곳에 알맞은 수를 써넣으세요.

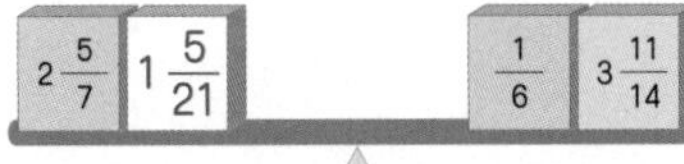

84 소마셈 - D6

다음 저울의 양쪽 값이 같도록 빈 곳에 알맞은 수를 써넣으세요.

Drill - 보충학습 85

P 86 ~ 87

4주차

□ 안에 알맞은 수를 써넣으세요.

$\frac{4}{5}$, $\frac{8}{15}$, $\frac{1}{9}$, $1\frac{2}{9}$

$4\frac{1}{2}$, $2\frac{7}{18}$, $1\frac{4}{9}$, $5\frac{4}{9}$

$3\frac{3}{7}$, $2\frac{1}{6}$, $\frac{13}{14}$, $4\frac{2}{3}$

86 소마셈 - D6

□ 안에 알맞은 수를 써넣으세요.

$\frac{17}{18}$, $\frac{5}{6}$, $\frac{2}{3}$, $1\frac{1}{9}$

$\frac{11}{18}$, $\frac{3}{4}$, $\frac{2}{9}$, $1\frac{5}{36}$

$6\frac{5}{18}$, $3\frac{1}{6}$, $3\frac{2}{3}$, $\frac{5}{9}$

Drill - 보충학습 87